2014年发布

中国企业会计准则

企业会计准则第37号
——金融工具列报

财政部会计司　编

中国财政经济出版社

图书在版编目（CIP）数据

企业会计准则第37号：金融工具列报/财政部会计司编．—北京：中国财政经济出版社，2015.1
ISBN 978-7-5095-5975-8

Ⅰ.①企… Ⅱ.①财… Ⅲ.①企业-会计准则-中国
Ⅳ.①F279.23

中国版本图书馆CIP数据核字（2015）第011876号

责任编辑：宋学军　　　责任校对：张　凡
封面设计：邹海东　　　版式设计：康普宝蓝

中国财政经济出版社 出版

URL：http：//ckfz.cfeph.cn
E-mail：ckfz@cfeph.cn

社址：北京市海淀区阜成路甲28号　邮政编码：100142
营销中心电话：010-88190406　北京财经书店电话：010-64033436、84041336
河北省零五印刷厂印刷　各地新华书店经销
787×1092毫米　16开　11.25印张　121 000字
2015年1月第1版　2015年1月河北第1次印刷
印数：1—10 060　定价：48.00元
ISBN 978-7-5095-5975-8/F·4810
（图书出现印装问题，本社负责调换）
质量投诉电话：010—88190744

财政部文件

财会〔2014〕23号

财政部关于印发修订《企业会计准则第37号——金融工具列报》的通知

国务院有关部委、有关直属机构，各省、自治区、直辖市、计划单列市财政厅（局），新疆生产建设兵团财务局，财政部驻各省、自治区、直辖市、计划单列市财政监察专员办事处，有关中央管理企业：

为了适应社会主义市场经济发展需要，提高企业财务报表列报质量和会计信息透明度，根据《企业会计准则——基本准则》，我部对《企业会计准则第37号——金融工具列报》进行了修订，现予印发，执行企业会计准则的企业应当在2014年年度及以后期间的财务报告中按照本准则要求对金融工具进行列报。我部于2006年2月25日发布的《财政部关于印发〈企业会计准则第1号——存货〉等38项具体准则的通知》（财会〔2006〕3号）中的《企业会计准则第37号——金融工具列报》同时废止。

执行中有何问题，请及时反馈我部。

附件：企业会计准则第37号——金融工具列报

财政部

2014年6月20日

总 目 录

第一部分 企业会计准则第 37 号——金融工具列报 … 1

第二部分 《企业会计准则第 37 号——金融工具列报》应用指南 …… 35

第三部分 《企业会计准则第 37 号——金融工具列报》修订说明 …… 117

第四部分 Accounting Standard for Business Enterprises No. 37—Presentation and Disclosures of Financial Instruments …… 127

第一部分

企业会计准则第 37 号
——金融工具列报

第一章　总　　则

第一条　为了规范金融工具的列报，根据《企业会计准则——基本准则》，制定本准则。

金融工具列报，包括金融工具列示和金融工具披露。

第二条　金融工具信息的列报，应当有助于财务报表使用者了解发行方对发行的金融工具如何进行分类、计量和列示，并就金融工具对企业财务状况和经营成果影响的重要程度、金融工具使企业在报告期间和期末所面临的风险的性质和程度，以及企业如何管理这些风险作出合理评价。

第三条　除下列特殊情况外，本准则适用于所有企业各种类型的金融工具：

（一）企业按照《企业会计准则第 2 号——长期股权投资》、《企业会计准则第 33 号——合并财务报表》和《企业会计准则第 40 号——合营安排》规定核算的对子公司、合营安排和联营企业的投资的披露，适用《企业会计准则第 41 号——在其他主体中权益的披露》。但以下情况除外：

1. 与在子公司、合营安排或联营企业中的权益相联系的衍生工具，适用本准则。

2. 符合《企业会计准则第 33 号——合并财务报表》有关投资性主体定义的企业，其根据该准则规定对子公司以公允价值计量且其变动计入当期损益的投资，适用本准则。

3. 根据《企业会计准则第 2 号——长期股权投资》准则的规定，按照《企业会计准则第 22 号——金融工具确认和计量》核算的对联营企业或合营企业的投资，适用本准则。

（二）《企业会计准则第11号——股份支付》规范的股份支付安排中的金融工具以及其他合同和义务，适用《企业会计准则第11号——股份支付》。但股份支付安排中涉及应当适用本准则第四条相关的交易和事项以及企业发行、回购、出售或注销库存股，适用本准则。

（三）债务重组，适用《企业会计准则第12号——债务重组》。但债务重组中涉及金融资产转移披露的，适用本准则。

（四）符合原保险合同或再保险合同定义的保险合同，适用《企业会计准则第25号——原保险合同》或《企业会计准则第26号——再保险合同》（以下简称“相关保险合同准则”）。

《企业会计准则第22号——金融工具确认和计量》要求从保险合同中分拆后单独核算的嵌入衍生工具，适用本准则。企业选择按照《企业会计准则第22号——金融工具确认和计量》核算的财务担保合同，适用本准则。

（五）因具有相机分红特征而适用相关保险合同准则的金融工具，不适用本准则中关于金融负债和权益工具区分的规定。嵌入此类金融工具的衍生工具，适用本准则。但嵌入衍生工具本身是一项保险合同的，适用相关保险合同准则。

（六）职工薪酬计划形成的企业的权利和义务，适用《企业会计准则第9号——职工薪酬》。

第四条　本准则适用于能够以现金或其他金融工具净额结算，或通过交换金融工具结算的买入或卖出非金融项目的合同。但企业按照预定的购买、销售或使用要求签订并持有，旨在收取或交付非金融项目的合同，应当适用其他相关会计准则。

第五条　本准则第六章至第八章的规定除适用于企业已按照《企业会计准则第 22 号——金融工具确认和计量》确认的金融工具外，还适用于未确认的金融工具，例如某些贷款承诺。

第六条　本准则规定的交易或事项涉及所得税的，应当按照《企业会计准则第 18 号——所得税》进行处理。

第二章　金融负债和权益工具的区分

第七条　企业应当根据所发行金融工具的合同条款及其所反映的经济实质而非仅以法律形式，结合金融资产、金融负债和权益工具的定义，在初始确认时将该金融工具或其组成部分分类为金融资产、金融负债或权益工具。

第八条　金融负债，是指企业符合下列条件之一的负债：

（一）向其他方交付现金或其他金融资产的合同义务。

（二）在潜在不利条件下，与其他方交换金融资产或金融负债的合同义务。

（三）将来须用或可用企业自身权益工具进行结算的非衍生工具合同，且企业根据该合同将交付可变数量的自身权益工具。

（四）将来须用或可用企业自身权益工具进行结算的衍生工具合同，但以固定数量的自身权益工具交换固定金额的现金或其他金融资产的衍生工具合同除外。企业对全部现有同类别非衍生自身权益工具的持有方同比例发行配股权、期权或认股权证，使之有权按比例以固定金额的任何货币换取固定数量的该企业自身权益工具的，该类配股权、期权或认股权证应当分类为权益工具。其中，企业自身权益工具不包括应按照本准则第三章分类为权益工具的金融工具，也不包括本身就要求在未来收取或交付企业自身权益工具的合同。

第九条 权益工具，是指能证明拥有某个企业在扣除所有负债后的资产中的剩余权益的合同。在同时满足下列条件的情况下，企业应当将发行的金融工具分类为权益工具：

（一）该金融工具应当不包括交付现金或其他金融资产给其他方，或在潜在不利条件下与其他方交换金融资产或金融负债的合同义务。

（二）将来须用或可用企业自身权益工具结算该金融工具。如为非衍生工具，该金融工具应当不包括交付可变数量的自身权益工具进行结算的合同义务；如为衍生工具，企业只能通过以固定数量的自身权益工具交换固定金额的现金或其他金融资产结算该金融工具。企业自身权益工具不包括应按照本准则第三章分类为权益工具的金融工具，也不包括本身就要求在未来收取或交付企业自身权益工具的合同。

第十条 金融负债与权益工具的区分：

（一）如果企业不能无条件地避免以交付现金或其他金融资产来履行一项合同义务，则该合同义务符合金融负债的定义。有些金融工具虽然没有明确地包含交付现金或其他金融资产义务的条款和条件，但有可能通过其他条款和条件间接地形成合同义务。

（二）如果一项金融工具须用或可用企业自身权益工具进行结算，需要考虑用于结算该工具的企业自身权益工具，是作为现金或其他金融资产的替代品，还是为了使该工具持有方享有在发行方扣除所有负债后的资产中的剩余权益。如果是前者，该工具是发行方的金融负债；如果是后者，该工具是发行方的权益工具。在某些情况下，一项金融工具合同规定企业须用或可用自身权益工具结算该金融工具，其中合同权利或合同义务的金额等于可获取或需交付的自身权益工具的数量乘以其结算时的公允价值，则无论该合同权利或合同义务的金额是固定的，还是完全或部分地基于除企业自身权益工具的市场价格以外变量（例如利率、某种商品的价格或某项金融工具的价格）的变动而变动，该合同应当分类为金融负债。

第十一条　除根据本准则第三章分类为权益工具的金融工具外，如果一项合同使发行方承担了以现金或其他金融资产回购自身权益工具的义务，即使发行方的回购义务取决于合同对手方是否行使回售权，发行方应当在初始确认时将该义务确认为一项金融负债，其金额等于回购所需支付金额的现值（如远期回购价格的现值、期权行权价格的现值或其他回售金额的现值）。如果最终发行方无需以现金或其他金融资产回购自身权益工具，应当在合同到期时将该项金融负债按照账面价值重分类为权益工具。

第十二条　对于附有或有结算条款的金融工具，发行方不能无条件地避免交付现金、其他金融资产或以其他导致该工具成为金融负债的方式进行结算的，应当分类为金融负债。但是，满足下列条件之一的，发行方应当将其分类为权益工具：

（一）要求以现金、其他金融资产或以其他导致该工具成为金融负债的方式进行结算的或有结算条款几乎不具有可能性，即相关情形极端罕见、显著异常或几乎不可能发生。

（二）只有在发行方清算时，才需以现金、其他金融资产或以其他导致该工具成为金融负债的方式进行结算。

（三）按照本准则第三章分类为权益工具的可回售工具。

附有或有结算条款的金融工具，指是否通过交付现金或其他金融资产进行结算，或者是否以其他导致该金融工具成为金融负债的方式进行结算，需要由发行方和持有方均不能控制的未来不确定事项（如股价指数、消费价格指数变动，利率或税法变动，发行方未来收入、净收益或债务权益比率等）的发生或不发生（或发行方和持有方均不能控制的未来不确定事项的结果）来确定的金融工具。

第十三条 对于存在结算选择权的衍生工具（例如，合同规定发行方或持有方能选择以现金净额或以发行股份交换现金等方式进行结算的衍生工具），发行方应当将其确认为金融资产或金融负债，但所有可供选择的结算方式均表明该衍生工具应当确认为权益工具的除外。

第十四条 企业应对发行的非衍生工具进行评估，以确定所发行的工具是否为复合金融工具。企业所发行的非衍生工具可能同时包含金融负债成分和权益工具成分。对于复合金融工具，发行方应于初始确认时将各组成部分分别分类为金融负债、金融资产或权益工具。

企业发行的一项非衍生工具同时包含金融负债成分和权益工具成分的，应于初始计量时先确定金融负债成分的公允价值（包括其中可能包含的非权益性嵌入衍生工具的公允价值），再从复合金融工具公允价值中扣除负债成分的公允价值，作为权益工具成分的价值。

第十五条 在合并财务报表中对金融工具（或其组成

部分）进行分类时，企业应当考虑集团成员和金融工具的持有方之间达成的所有条款和条件。如果集团作为一个整体由于该工具承担了交付现金、其他金融资产或以其他导致该工具成为金融负债的方式进行结算的义务，则该工具应当分类为金融负债。

第三章　特殊金融工具的区分

第十六条　符合金融负债定义，但同时具有下列特征的可回售工具，应当分类为权益工具：

（一）赋予持有方在企业清算时按比例份额获得该企业净资产的权利。企业净资产，是指扣除所有优先于该工具对企业资产要求权之后的剩余资产。按比例份额是指清算时将企业的净资产分拆为金额相等的单位，并且将单位金额乘以持有方所持有的单位数量。

（二）该工具所属的类别次于其他所有工具类别，即该工具在归属于该类别前无须转换为另一种工具，且在清算时对企业资产没有优先于其他工具的要求权。

（三）该类别的所有工具具有相同的特征（例如它们必须都具有可回售特征，并且用于计算回购或赎回价格的公式或其他方法都相同）。

（四）除了发行方应当以现金或其他金融资产回购或赎回该工具的合同义务外，该工具不满足本准则规定的金融负债定义中的任何其他特征。

（五）该工具在存续期内的预计现金流量总额，应当实质上基于该工具存续期内企业的损益、已确认净资产的变动、已确认和未确认净资产的公允价值变动（不包括该工具的任何影响）。

可回售工具，是指根据合同约定，持有方有权将该工具回售给发行方以获取现金或其他金融资产的权利，或者在未来某一不确定事项发生或者持有方死亡或退休时，自动回售给发行方的金融工具。

第十七条 符合金融负债定义，但同时具有下列特征的发行方仅在清算时才有义务向另一方按比例交付其净资产的金融工具，应当分类为权益工具：

（一）赋予持有方在企业清算时按比例份额获得该企业净资产的权利；

（二）该工具所属的类别次于其他所有工具类别；

（三）在次于其他所有类别的工具类别中，发行方对该类别中所有工具都应当在清算时承担按比例份额交付其净资产的同等合同义务。

产生上述合同义务的清算确定将会发生并且不受发行方的控制（如发行方本身是有限寿命主体），或者发生与否取决于该工具的持有方。

第十八条 分类为权益工具的可回售工具，或发行方仅在清算时才有义务向另一方按比例交付其净资产的金融工具，除应当具有第十六条或第十七条所述特征外，其发行方应当没有同时具备下列特征的其他金融工具或合同：

（一）现金流量总额实质上基于企业的损益、已确认净资产的变动、已确认和未确认净资产的公允价值变动（不包括该工具或合同的任何影响）；

（二）实质上限制或固定了本准则第十六条或第十七条所述工具持有方所获得的剩余回报。

在运用上述条件时，对于发行方与本准则第十六条或第十七条所述工具持有方签订的非金融合同，如果其条款和条件与发行方和其他方之间可能订立的同等合同类似，不应考虑该非金融合同的影响。但如果不能作出此判断，则不得将该工具分类为权益工具。

第十九条　按照本章规定分类为权益工具的金融工具，自不再具有第十六条或第十七条所述特征，或发行方不再满足第十八条规定条件之日起，发行方应当将其重分类为金融负债，以重分类日该工具的公允价值计量，重分类日权益工具的账面价值和金融负债的公允价值之间的差额确认为权益。

按照本章规定分类为金融负债的金融工具，自具有第十六条或第十七条所述特征，且发行方满足第十八条规定条件之日起，发行方应当将其重分类为权益工具，以重分类日金融负债的账面价值计量。

第二十条　企业发行的满足本章规定分类为权益工具的金融工具，在其母公司的合并财务报表中对应的少数股东权益部分，应当分类为金融负债。

第四章　收益和库存股

第二十一条　金融工具或其组成部分属于金融负债的，相关利息、股利（或股息）、利得或损失，以及赎回或再融资产生的利得或损失等，应当计入当期损益。

第二十二条　金融工具或其组成部分属于权益工具的，其发行（含再融资）、回购、出售或注销时，发行方应当作为权益的变动处理。发行方不应当确认权益工具的公允价值变动。

发行方对权益工具持有方的分配应作利润分配处理，发放的股票股利不影响所有者权益总额。

第二十三条　与权益性交易相关的交易费用应当从权

益中扣减。交易费用，是指可直接归属于购买、发行或处置金融工具的增量费用。增量费用，是指企业不购买、发行或处置金融工具就不会发生的费用。

企业发行或取得自身权益工具时发生的交易费用（例如登记费，承销费，法律、会计、评估及其他专业服务费用，印刷成本和印花税等），可直接归属于权益性交易的，应当从权益中扣减。终止的未完成权益性交易所发生的交易费用应当计入当期损益。

第二十四条 发行复合金融工具发生的交易费用，应当在金融负债成分和权益工具成分之间按照各自占总发行价款的比例进行分摊。与多项交易相关的共同交易费用，应当在合理的基础上，采用与其他类似交易一致的方法，在各项交易间进行分摊。

第二十五条 分类为金融负债的金融工具支付的股利，在利润表中应当确认为费用，与其他负债的利息费用合并列示，并在财务报表附注中单独披露。

作为权益扣减项的交易费用，应当在财务报表附注中单独披露。

第二十六条 回购自身权益工具（库存股）支付的对价和交易费用，应当减少所有者权益，不得确认金融资产。库存股可由企业自身购回和持有，也可由集团合并范围内的其他成员购回和持有。

第二十七条 企业应当按照《企业会计准则第30号——财务报表列报》在资产负债表中单独列示所持有的库存股金额。

企业从关联方回购自身权益工具，还应当按照《企业会计准则第36号——关联方披露》的相关规定进行披露。

第五章　金融资产和金融负债的抵销

第二十八条　金融资产和金融负债应当在资产负债表内分别列示，不得相互抵销。但同时满足下列条件的，应当以相互抵销后的净额在资产负债表内列示：

（一）企业具有抵销已确认金额的法定权利，且该种法定权利是当前可执行的；

（二）企业计划以净额结算，或同时变现该金融资产和清偿该金融负债。

不满足终止确认条件的金融资产转移，转出方不得将已转移的金融资产和相关负债进行抵销。

第二十九条　抵销权是债务人根据合同或其他协议，以应收债权人的金额全部或部分抵销应付债权人的金额的法定权利。在某些情况下，如果债务人、债权人和第三方三者之间签署的协议明确表示债务人拥有该抵销权，并且不违反相关法律或法规，债务人可能拥有以应收第三方的金额抵销应付债权人的金额的法定权利。

第三十条　抵销权应当不取决于未来事项，而且在企业和所有交易对手方的正常经营过程中，或在出现违约、无力偿债或破产等各种情形下，企业均可执行该法定权利。

在确定抵销权是否可执行时，企业应当充分考虑相关法律和法规要求以及合同约定等各方面因素。

第三十一条　当前可执行的抵销权不构成互相抵销的充分条件，企业既不打算行使抵销权（即净额结算），又无计划同时结算金融资产和金融负债的，该金融资产和金融负债不得抵销。

在没有法定权利的情况下，一方或双方即使有意向以净额为基础进行结算或同时结算相关金融资产和金融负债的，该金融资产和金融负债也不得抵销。

第三十二条 企业同时结算金融资产和金融负债的，如果该结算方式相当于净额结算，则满足本准则第二十八条（二）以净额结算的标准。这种结算方式必须在同一结算过程或周期内处理了相关应收和应付款项，最终消除或几乎消除了信用风险和流动性风险。如果某结算方式同时具备如下特征，可视为满足净额结算标准：

（一）符合抵销条件的金融资产和金融负债在同一时点提交处理；

（二）金融资产和金融负债一经提交处理，各方即承诺履行结算义务；

（三）金融资产和金融负债一经提交处理，除非处理失败，这些资产和负债产生的现金流量不可能发生变动；

（四）以证券作为担保物的金融资产和金融负债，通过证券结算系统或其他类似机制进行结算（例如券款对付），即如果证券交付失败，则以证券作为抵押的应收款项或应付款项的处理也将失败，反之亦然；

（五）若发生本条（四）所述的失败交易，将重新进入处理程序，直至结算完成；

（六）由同一结算机构执行；

（七）有足够的日间信用额度，并且能够确保该日间信用额度一经申请提取即可履行，以支持各方能够在结算日进行支付处理。

第三十三条 在下列情况下，通常认为不满足本准则第二十八条所列条件，不得抵销相关金融资产和金融负债：

（一）使用多项不同金融工具来仿效单项金融工具的特征，即“合成工具”。例如，利用浮动利率长期债券与收取浮动利息且支付固定利息的利率互换，合成一项固定利率长期负债。

（二）金融资产和金融负债虽然具有相同的主要风险敞口（例如远期合同或其他衍生工具组合中的资产和负债），但涉及不同的交易对手方。

（三）无追索权金融负债与作为其担保品的金融资产或其他资产。

（四）债务人为解除某项负债而将一定的金融资产进行托管（例如偿债基金或类似安排），但债权人尚未接受以这些资产清偿负债。

（五）因某些导致损失的事项而产生的义务预计可以通过保险合同向第三方索赔而得以补偿。

第三十四条　企业与同一交易对手方进行多项金融工具交易时，可能与对手方签订“总互抵协议”。只有满足本准则第二十八条所列条件时，总互抵协议下的相关金融资产和金融负债才能抵销。

总互抵协议，是指协议所涵盖的所有金融工具中的任何一项合同在发生违约或终止时，就协议所涵盖的所有金融工具按单一净额进行结算。

第三十五条　企业应当区分金融资产和金融负债的抵销与终止确认。抵销金融资产和金融负债并在资产负债表中以净额列示，不应当产生利得或损失；终止确认是从资产负债表列示的项目中移除相关金融资产或金融负债，有可能产生利得或损失。

第六章　金融工具对财务状况和经营成果影响的列报

第一节　一般性规定

第三十六条　企业在对金融工具各项目进行列报时，应当根据金融工具的特点及相关信息的性质对金融工具进行归类，并充分披露与金融工具相关的信息，使得财务报表附注中的披露与财务报表列示的各项目相互对应。

第三十七条　在确定金融工具的列报类型时，企业至少应当将本准则范围内的金融工具区分为以摊余成本计量和以公允价值计量的类型。

第三十八条　企业应当根据自身实际情况，按照本准则要求，合理确定列报金融工具的详细程度，既不应列报大量过于详细的信息从而掩盖了真正重要的信息，也不得列报过于汇总的信息从而难以区分各项交易或相关风险之间的重要差异。

第三十九条　企业应当披露编制财务报表时对金融工具所采用的重要会计政策、计量基础和与理解财务报表相关的其他会计政策等信息，主要包括：

（一）对于指定为以公允价值计量且其变动计入当期损益的金融资产或金融负债，应当披露下列信息：

1. 指定的金融资产或金融负债的性质；

2. 初始确认时对上述金融资产或金融负债作出指定的标准；

3. 如何满足运用指定的标准。对于以消除或显著减少会计错配为目的的指定，企业应当披露该指定所针对的确认或计量不一致的描述性说明。对于以更好地反映组合的管理实质为目的的指定，企业应当披露该指定符合企业正式书面文件载明的风险管理或投资策略的描述性说明。对于整体指定为以公允价值计量且其变动计入当期损益的混合工具，企业应当披露运用指定标准的描述性说明。

（二）指定金融资产为可供出售金融资产的标准。

（三）金融资产常规购买和出售的会计政策。

（四）核销减值准备并减记金融资产账面价值的原则。

（五）如何确定每类金融工具的利得或损失。

（六）存在客观证据表明金融资产已发生减值的适用标准。

（七）为避免金融资产逾期或减值而重新议定条款的金融资产所适用的会计政策。

第二节　资产负债表中的列示及相关披露

第四十条　企业应当在资产负债表或相关附注中列报下列金融资产或金融负债的账面价值：

（一）以公允价值计量且其变动计入当期损益的金融资产，并分别反映交易性金融资产和在初始确认时指定为以公允价值计量且其变动计入当期损益的金融资产；

（二）持有至到期投资；

（三）贷款和应收款项；

（四）可供出售金融资产；

（五）以公允价值计量且其变动计入当期损益的金融负债，并分别反映交易性金融负债和在初始确认时指定为以公允价值计量且其变动计入当期损益的金融负债；

（六）其他金融负债。

第四十一条　企业将单项或一组贷款或应收款项指定

为以公允价值计量且其变动计入当期损益的金融资产的，应当披露下列信息：

（一）资产负债表日该贷款或应收款项使企业面临的最大信用风险敞口。信用风险，是指金融工具的一方不履行义务，造成另一方发生财务损失的风险。

（二）相关信用衍生工具或类似工具使得该最大信用风险敞口降低的金额。

（三）该贷款或应收款项因信用风险变动引起的公允价值本期变动额和累计变动额。这些变动额，是该贷款或应收款项公允价值变动扣除由于市场风险因素的变化导致公允价值变动后的部分；或是企业以能够更真实地反映信用风险变动导致该贷款或应收款项公允价值变动的其他方法确定的金额。市场风险因素的变化包括，可观察的利率、商品价格、汇率以及价格指数、利率指数、汇率指数等指数的变动。

（四）相关信用衍生工具或类似工具的公允价值本期变动额和自该贷款或应收款项被指定以来的公允价值累计变动额。

第四十二条 企业将一项金融负债指定为以公允价值计量且其变动计入当期损益的金融负债的，应当披露下列信息：

（一）该金融负债因信用风险变动引起的公允价值本期变动额和累计变动额。这些变动额，是该金融负债公允价值变动扣除由于市场风险因素的变化导致公允价值变动后的部分；或是企业以能够更真实地反映信用风险变动导致该金融负债公允价值变动的其他方法确定的金额。对于包含投资连结特征的合同，市场风险因素的变化包括相关内部或外部投资组合业绩的变动。

（二）该金融负债的账面价值与按合同约定到期应支付债权人金额之间的差额。

第四十三条　企业应当披露本准则第四十一条（三）和第四十二条（一）中金额的确定方法。如果企业认为披露的信息未能真实反映相关金融工具公允价值变动中由信用风险引起的部分，则应当披露企业作出此结论的原因及其他需要考虑的因素。

第四十四条　企业将金融资产进行重分类，改变了该金融资产后续计量基础的，应当披露该金融资产重分类前后的公允价值或账面价值和重分类的原因。

第四十五条　对于所有可执行的总互抵协议或类似协议下的已确认金融工具，以及符合本准则第二十八条抵销条件的已确认金融工具，企业应当在报告期末以表格形式分别按金融资产和金融负债披露下列定量信息：

（一）已确认金融资产和金融负债的总额。

（二）按本准则规定抵销的金额。

（三）在资产负债表中列示的净额。

（四）可执行的总互抵协议或类似协议确定的，未包含在本条（二）中的金额，包括：

1. 不满足本准则抵销条件的已确认金融工具的金额；

2. 与财务担保物（包括现金担保）相关的金额，以在资产负债表中列示的净额扣除本条（四）第1项后的余额为限。

（五）资产负债表中列示的净额扣除本条（四）后的余额。

企业应当披露本条（四）所述协议中抵销权的条款及其性质等信息，以及不同计量基础的金融工具适用本条时产生的计量差异。

第四十六条 按照本准则第三章分类为权益工具的可回售工具，企业应当披露以下信息：

（一）可回售工具的汇总定量信息。

（二）对于按持有方要求承担的回购或赎回义务，企业的管理目标、政策和程序及其变化。

（三）回购或赎回可回售工具的预期现金流出金额以及确定方法。

第四十七条 企业将本准则第三章规定的特殊金融工具在金融负债和权益工具之间重分类的，应当分别披露重分类前后的公允价值或账面价值，以及重分类的时间和原因。

第四十八条 企业应当披露作为负债或或有负债担保物的金融资产的账面价值，以及与该项担保有关的条款和条件。其中，对于已转移金融资产的担保物，转入方有权出售或再抵押的，转出方应当在资产负债表中单独列示该金融资产。

第四十九条 企业取得的担保物，在担保物所有人未违约时可出售或再抵押的，应当披露其公允价值、已出售或再抵押担保物的公允价值，以及承担的返还义务和使用担保物的条款和条件。

第五十条 企业应当设置专门的备抵账户，记录每类金融资产因信用损失发生的减值，并披露减值准备的期初余额，本期计提、转回、转销、核销及其他变动的金额和期末余额等信息。

第五十一条 对于企业发行的包含金融负债和权益工具成分的复合金融工具，嵌入了价值相互关联的多项衍生工具（如可赎回的可转换债务工具）的，应当披露相关特征。

第五十二条　除短期应付款项之外的金融负债，企业应当披露下列信息：

（一）本期发生拖欠的金融负债的本金、利息、偿债基金、赎回条款的详细情况。

（二）发生拖欠的金融负债的期末账面价值。

（三）在财务报告批准对外报出前，就拖欠事项已采取的补救措施、对债务条款的重新议定等情况。

企业本期发生了拖欠以外的其他违约情况，且债权人有权在发生违约时要求企业提前偿还的，企业应当按上述要求披露。如果在期末前相关违约情况已得到补救或已重新议定债务条款，则无需披露。

第三节　利润表中的列示及相关披露

第五十三条　企业应当披露与金融工具有关的下列收入、费用、利得或损失：

（一）当期各类金融资产和金融负债所产生的利得或损失。其中，指定为以公允价值计量且其变动计入当期损益的金融资产和金融负债以及交易性金融资产和金融负债的利得或损失应当分别披露。对于可供出售金融资产，应当分别披露当期在其他综合收益中确认的以及当期从权益转入损益的利得或损失。

（二）除以公允价值计量且其变动计入当期损益的金融资产或金融负债外，按实际利率法计算的金融资产或金融负债产生的利息收入或利息费用总额，以及直接计入当期损益但在确定实际利率时未包括的手续费收入或支出。

（三）企业通过信托和其他托管活动代他人持有资产或进行投资而形成的，直接计入当期损益的手续费收入或支出。

（四）已发生减值的金融资产产生的利息收入。

（五）每类金融资产本期发生的减值损失。

第四节　套期保值相关披露

第五十四条　企业应当披露与每类套期有关的下列信息：

（一）每类套期的描述。

（二）对套期工具的描述及其期末公允价值。

（三）被套期风险的性质。

第五十五条　企业应当披露与现金流量套期有关的下列信息：

（一）现金流量预期发生期间及其预期影响损益的期间。

（二）对于前期运用套期会计方法但预期不再发生的交易的描述。

（三）本期在其他综合收益中确认的金额。

（四）本期从所有者权益中转出至利润表各项目的金额。

（五）本期预期交易形成的非金融资产或非金融负债在初始确认时从所有者权益转入的金额。

第五十六条　企业应当单独披露下列关于套期会计的信息：

（一）在公允价值套期中，套期工具本期形成的利得或损失，以及被套期项目因被套期风险形成的利得或损失。

（二）在现金流量套期中，本期套期无效部分形成的利得或损失。

（三）在境外经营净投资套期中，本期套期无效部分形成的利得或损失。

第五节　公允价值披露

第五十七条　除了本准则第五十九条规定情况外，企业应当披露每一类金融资产和金融负债的公允价值，并与账面价值进行比较。对于在资产负债表中相互抵销的金融资产和金融负债，其公允价值应当以抵销后的金额披露。

第五十八条　金融资产或金融负债初始确认的公允价值与交易价格存在差异时，如果其公允价值并非基于相同资产或负债在活跃市场中的报价，也非基于仅使用可观察市场数据的估值技术，企业在初始确认金融资产或金融负债时不应确认利得或损失。在此情况下，企业应当按金融资产或金融负债的类型披露下列信息：

（一）企业在损益中确认交易价格与初始确认的公允价值之间差额时所采用的会计政策，以反映市场参与者对资产或负债进行定价时所考虑的因素（包括时间因素）的变动。

（二）该项差异期初和期末尚未在损益中确认的金额和本期变动额。

（三）企业如何认定交易价格并非公允价值的最佳证据，以及确定公允价值的证据。

第五十九条　企业可以不披露下列金融资产或金融负债的公允价值信息：

（一）账面价值与公允价值差异很小的金融资产或金融负债（如短期应收账款或应付账款）。

（二）活跃市场中没有报价且其公允价值无法可靠计量的权益工具投资以及与该工具挂钩的衍生工具。

（三）包含相机分红特征且其公允价值无法可靠计量

的合同。

第六十条 在第五十九条（二）、（三）所述的情况下，企业应当披露下列信息：

（一）对金融工具的描述及其账面价值，以及因公允价值无法可靠计量而未披露其公允价值的事实和说明。

（二）金融工具的相关市场信息。

（三）企业是否有意图及如何处置这些金融工具。

（四）已终止确认金融工具的事实，以及终止确认时的账面价值和形成的利得或损失。

第七章 与金融工具相关的风险披露

第一节 定性和定量信息

第六十一条 企业应当披露与各类金融工具风险相关的定性和定量信息，以便财务报表使用者评估报告期末金融工具产生的风险的性质和程度，更好地评价企业所面临的风险敞口。相关风险包括信用风险、流动性风险、市场风险等。

第六十二条 对金融工具产生的各类风险，企业应当披露下列定性信息：

（一）风险敞口及其形成原因，以及在本期发生的变化。

（二）风险管理目标、政策和程序以及计量风险的方法及其在本期发生的变化。

第六十三条 对金融工具产生的各类风险，企业应当按类别披露下列定量信息：

（一）期末风险敞口的汇总数据。该数据应当以向内部关键管理人员提供的相关信息为基础。企业运用多种方法管理风险的，披露的信息应当以最相关和可靠的方法为基础。

（二）按照第六十四条至第七十四条披露的信息。

（三）期末风险集中度信息，包括管理层确定风险集中度的说明和参考因素（包括交易对手方、地理区域、货币种类、市场类型等），以及各风险集中度相关的风险敞口金额。

上述期末定量信息不能代表企业本期风险敞口情况的，应当进一步提供相关信息。

第二节　信用风险披露

第六十四条　企业应当披露与每类金融工具信用风险有关的下列信息：

（一）在不考虑可利用的担保物或其他信用增级的情况下，企业在资产负债表日的最大信用风险敞口。金融工具的账面价值能代表最大信用风险敞口的，无需提供此项披露。

（二）可利用担保物或其他信用增级的信息及其对最大信用风险敞口的财务影响。

（三）未逾期且未减值的金融资产的信用质量信息。

金融资产在资产负债表日的最大信用风险敞口，通常是账面余额减去减值损失的金额（已减去根据本准则规定已抵销的金额）。

第六十五条　企业应当按类披露在资产负债表日已逾期或已减值的金融资产的下列信息：

（一）已逾期未减值的金融资产的账龄分析。

（二）已发生单项减值的金融资产的分析，包括判断该金融资产发生减值所考虑的因素。

第六十六条 企业本期通过取得担保物或其他信用增级所确认的金融资产或非金融资产，应当披露下列信息：

（一）所确认资产的性质和账面价值。

（二）对于不易变现的资产，应当披露处置或拟将其用于日常经营的政策等。

第三节 流动性风险披露

第六十七条 企业应当披露金融负债按剩余到期期限进行的到期期限分析，以及管理这些金融负债流动性风险的方法：

（一）对于非衍生金融负债（包括财务担保合同），到期期限分析应当基于合同剩余到期期限。对于包含嵌入衍生工具的混合金融工具，应当将其整体视为非衍生金融负债进行披露。

（二）对于衍生金融负债，如果合同到期期限是理解现金流量时间分布的关键因素，到期期限分析应当基于合同剩余到期期限。

当企业将所持有的金融资产作为流动性风险管理的一部分，且披露金融资产的到期期限分析使财务报表使用者能够恰当地评估企业流动性风险的性质和范围时，企业应当披露金融资产的到期期限分析。

流动性风险，是指企业在履行以交付现金或其他金融资产的方式结算的义务时发生资金短缺的风险。

第六十八条 企业在披露到期期限分析时，应当运用职业判断确定适当的时间段。列入各时间段内按照第六十七条所披露的金额，应当是未经折现的合同现金流量。

企业可以但不限于按下列时间段进行到期期限分析：

（一）一个月以内（含本数，下同）；

（二）一个月至三个月以内；

（三）三个月至一年以内；

（四）一年至五年以内；

（五）五年以上。

第六十九条　债权人可以选择收回债权时间的，债务人应当将相应的金融负债列入债权人可以要求收回债权的最早时间段内。

债务人应付债务金额不固定的，应当根据资产负债表日的情况确定到期期限分析所披露的金额。如分期付款的，债务人应当把每期将支付的款项列入相应的最早时间段内。

财务担保合同形成的金融负债，担保人应当将最大担保金额列入相关方可以要求支付的最早时间段内。

第七十条　企业应当披露流动性风险敞口汇总定量信息的确定方法。此类汇总定量信息中的现金（或另一项金融资产）流出符合以下条件之一的，应当说明相关事实，并提供有助于评价该风险程度的额外定量信息：

（一）该现金的流出可能显著早于汇总定量信息中所列示的时间。

（二）该现金的流出可能与汇总定量信息中所列示的金额存在重大差异。

如果以上信息已包括在本准则第六十七条规定的到期期限分析中，则无需披露上述额外定量信息。

第四节　市场风险披露

第七十一条　金融工具的市场风险，是指金融工具的公允价值或未来现金流量因市场价格变动而发生波动的风险，包括汇率风险、利率风险和其他价格风险。

汇率风险，是指金融工具的公允价值或未来现金流量因外汇汇率变动而发生波动的风险。汇率风险可源于以记账本位币之外的外币进行计价的金融工具。

利率风险，是指金融工具的公允价值或未来现金流量因市场利率变动而发生波动的风险。利率风险可源于已确认的计息金融工具和未确认的金融工具（如某些贷款承诺）。

其他价格风险，是指汇率风险和利率风险以外的市场价格变动而发生波动的风险，无论这些变动是由于与单项金融工具或其发行方有关的因素而引起的，还是由于与市场内交易的所有类似金融工具有关的因素而引起的。其他价格风险可源于商品价格或权益工具价格等的变化。

第七十二条 在对市场风险进行敏感性分析时，应当以整个企业为基础，披露下列信息：

（一）资产负债表日所面临的各类市场风险的敏感性分析。该项披露应当反映资产负债表日相关风险变量发生合理、可能的变动时，将对企业损益和所有者权益产生的影响。

对具有重大汇率风险敞口的每一种货币，应当分币种进行敏感性分析。

（二）本期敏感性分析所使用的方法和假设，以及本期发生的变化和原因。

第七十三条 企业采用风险价值法或类似方法进行敏感性分析能够反映金融风险变量之间（如利率和汇率之间等）的关联性，且企业已采用该种方法管理金融风险的，可不按照第七十二条的规定进行披露，但应当披露下列信息：

（一）用于该种敏感性分析的方法、选用的主要参数和假设。

（二）所用方法的目的，以及该方法提供的信息在反映相关资产和负债公允价值方面的局限性。

第七十四条　按照第七十二条或第七十三条对敏感性分析的披露不能反映金融工具市场风险的（例如，期末的风险敞口不能反映当期的风险状况），企业应当披露这一事实及其原因。

第八章　金融资产转移的披露

第七十五条　企业应当就资产负债表日存在的所有未终止确认的已转移金融资产，以及对已转移金融资产的继续涉入，按本准则要求单独披露。

本章所述的金融资产转移，是指下列两种情形：

（一）将收取金融资产现金流量的合同权利转移给另一方。

（二）将金融资产整体或部分转移给另一方，但保留收取金融资产现金流量的合同权利，并承担将收取的现金流量支付给一个或多个收款方的合同义务。

第七十六条　企业对于金融资产转移所披露的信息，应当有助于财务报表使用者了解未整体终止确认的已转移金融资产与相关负债之间的关系，评价企业继续涉入已终止确认金融资产的性质和相关风险。

企业按照本准则第七十八条和第七十九条所披露信息不能满足本条前款要求的，应当披露其他补充信息。

第七十七条　本章所述的继续涉入，是指企业保留了已转移金融资产中内在的合同权利或义务，或者取得了与已转移金融资产相关的新合同权利或义务。转出方与转入方签订的转让协议或与第三方单独签订的与转让相关的协议，都有可能形成对已转移金融资产的继续涉入。如果企业对已转移金融资产的未来业绩不享有任何利益，也不承担与已转移金融资产相关的任何未来支付义务，则不形成继续涉入。以下情形不形成继续涉入：

（一）与转移的真实性以及合理、诚信和公平交易等原则有关的常规声明和保证，这些声明和保证可能因法律行为导致转移无效。

（二）以公允价值回购已转移金融资产的远期、期权和其他合同。

（三）使企业保留了获取金融资产现金流量的合同权利但承担了将这些现金流量支付给一个或多个收款方的合同义务的安排，且这类安排满足《企业会计准则第23号——金融资产转移》第四条（二）中三个条件。

第七十八条 对于已转移但未整体终止确认的金融资产，应当按照类别披露下列信息：

（一）已转移金融资产的性质；

（二）仍保留的与所有权有关的风险和报酬的性质；

（三）已转移金融资产与相关负债之间关系的性质，包括因转移引起的对企业使用已转移金融资产的限制；

（四）在转移金融资产形成的相关负债的交易对手方仅对已转移金融资产有追索权的情况下，应当以表格形式披露所转移金融资产和相关负债的公允价值以及净头寸，即已转移金融资产和相关负债公允价值之间的差额；

（五）继续确认已转移金融资产整体的，披露已转移金融资产和相关负债的账面价值；

（六）按继续涉入程度确认所转移金融资产的，披露转移前该金融资产整体的账面价值、按继续涉入程度确认的资产和相关负债的账面价值。

第七十九条　对于已整体终止确认但转出方继续涉入已转移金融资产的，应当至少按照类别披露下列信息：

（一）因继续涉入确认的资产和负债的账面价值和公允价值，以及在资产负债表中对应的项目。

（二）因继续涉入导致企业发生损失的最大风险敞口及确定方法。

（三）应当或可能回购已终止确认的金融资产需要支付的未折现现金流量（如期权协议中的行权价格）或其他应向转入方支付的款项，以及对这些现金流量或款项的到期期限分析。如果到期期限可能为一个区间，应当以企业必须或可能支付的最早日期为依据归入相应的时间段。到期期限分析应当分别反映企业应当支付的现金流量（如远期合同）、企业可能支付的现金流量（如签出看跌期权）以及企业可选择支付的现金流量（如购入看涨期权）。在现金流量不固定的情形下，上述金额应当基于每个资产负债表日的情况披露。

（四）对本条（一）至（三）定量信息的解释性说明，包括对已转移金融资产、继续涉入的性质和目的，以及企业所面临风险的描述等。其中，对企业所面临风险的描述包括以下各项：

1. 对继续涉入已终止确认金融资产的风险进行管理的方法。

2. 企业是否应先于其他方承担有关损失，以及先于本企业承担损失的其他方应承担损失的顺序及金额。

3. 向已转移金融资产提供财务支持或回购该金融资产的义务的触发条件。

（五）金融资产转移日确认的利得或损失，以及因继续涉入已终止确认金融资产当期和累计确认的收益或费用（如衍生工具的公允价值变动）。

（六）终止确认产生的收款总额在本期分布不均衡的（例如大部分转移金额在临近报告期末发生），应当披露本期最大转移活动发生的时间段、该段期间所确认的金额（如相关利得或损失）和收款总额。

企业在披露本条所规定的信息时，应当按照其继续涉入面临的风险敞口类型分类汇总披露。例如，可按金融工具类别（如担保或看涨期权）或转让类型（如应收账款保理、证券化和融券）分类汇总披露。企业对某项终止确认的金融资产存在多种继续涉入方式的，可按其中一类汇总披露。

第八十条 企业按照第七十七条确定是否继续涉入已转移金融资产时，应当以自身财务报告为基础进行考虑。

第九章 衔接规定

第八十一条 对于本准则施行之前存在的金融工具，其会计处理与本准则规定不一致的，应当按照《企业会计准则第28号——会计政策、会计估计变更和差错更正》的规定采用追溯调整法进行处理。追溯调整不切实可行的，则应当采用未来适用法。

在对外提供比较期间的财务报表时，对于因会计政策变更产生的累积影响数，应当调整比较财务报表最早期间的期初留存收益，涉及财务报表其他相关项目的数字也应当一并调整。

第十章　附　　则

第八十二条　企业应当在2014年年度及以后期间的财务报告中按照本准则要求对金融工具进行列报。

第二部分

《企业会计准则第 37 号——金融工具列报》应用指南

目　　录

一、总体要求 …… 39
二、适用范围 …… 40
三、金融负债和权益工具的区分 …… 45
（一）金融负债和权益工具区分的总体要求 …… 45
（二）金融负债和权益工具区分的基本原则 …… 48
（三）以外币计价的配股权、期权或认股权证 …… 57
（四）或有结算条款 …… 58
（五）结算选择权 …… 60
（六）复合金融工具 …… 60
（七）合并财务报表中金融负债和权益工具的区分 …… 64
四、特殊金融工具的区分 …… 65
（一）可回售工具 …… 65
（二）发行方仅在清算时才有义务向另一方按比例交付其净资产的金融工具 …… 67
（三）特殊金融工具分类为权益工具的其他条件 …… 68
（四）特殊金融工具在母公司合并财务报表中的处理 …… 69
五、发行金融工具的重分类 …… 70
六、收益和库存股 …… 71
（一）利息、股利、利得或损失的处理 …… 71
（二）库存股 …… 72
七、金融资产和金融负债的抵销 …… 73
（一）金融资产和金融负债相互抵销的条件 …… 73

（二）金融资产和金融负债不能相互抵销的情形 …… 74
（三）总互抵协议 …… 74
八、金融工具对财务状况和经营成果影响的列报 …… 75
（一）一般性规定 …… 75
（二）资产负债表中的列示及相关披露 …… 77
（三）利润表中的列示及相关披露 …… 84
（四）套期保值相关披露 …… 86
（五）公允价值披露 …… 86
九、与金融工具相关的风险披露 …… 88
（一）定性和定量信息 …… 88
（二）信用风险披露 …… 94
（三）流动性风险披露 …… 100
（四）市场风险披露 …… 105
十、金融资产转移的披露 …… 110
（一）披露范围 …… 110
（二）已转移但未整体终止确认的金融资产的披露 …… 112
（三）已整体终止确认但转出方继续涉入已转移金融资产的披露 …… 113
十一、衔接规定 …… 115

一、总体要求

金融工具列报是金融工具确认和计量结果的综合性描述，是金融工具会计处理的重要组成部分。《企业会计准则第37号——金融工具列报》（以下简称“本准则”）规范了金融负债和权益工具的区分，所发行金融工具相关利息、股利、利得或损失的会计处理，金融资产和金融负债的抵销，以及金融工具在财务报表中的列示和披露。企业按照本准则要求提供的金融工具各项信息，应当有助于全面地反映企业因发行或持有金融工具所面临的风险、采用的风险管理策略和风险管理水平等信息，便于财务报表使用者对企业进行综合评价。

（一）企业应当按照《企业会计准则第30号——财务报表列报》（以下简称“财务报表列报准则”）的规定列报财务报表信息。因金融工具交易相对于企业的其他经济业务更具特殊性，具有与金融市场结合紧密、风险敏感性强、对企业财务状况和经营成果影响大等特点，对于与金融工具列报相关的信息，除按照财务报表列报准则的要求列报外，还应当按照本准则的要求列报。

（二）企业应当按照《企业会计准则第22号——金融工具确认和计量》（以下简称“金融工具确认和计量准则”）确认和计量相关的金融资产和金融负债，对于金融负债和权益工具的区分，按照本准则的规定执行。

（三）企业应当正确划分和列示金融资产、金融负债和权益工具。本准则针对实务中企业发行的各类金融工具阐述了金融负债和权益工具的区分原则。企业应当根据合同条款所反映的经济实质以及本准则规定，将金融工具或其组成部分正确地分类为金融资产、金融负债或权益工具。

（四）企业应当正确确定利息、股利（或股息，下同）、利得或损失的会计处理。根据本准则规定，金融工具或其组成部分分类为金融负债还是权益工具，决定了与该工具或其组成部分相关的利息、股利、利得或损失的会计处理方法。与金融负债或复合金融工具负债成分相关的利息、股利、利得或损失，应当计入当期损益；与权益工具或复合金融工具权益成分相关的利息、股利、利得或损失，应当作为权益的变动处理。

（五）企业应当正确把握金融资产和金融负债的抵销原则。满足本准则规定抵销条件的，金融资产和金融负债应当以相互抵销后的净额在资产负债表内列示。企业应当充分考虑相关法律法规要求、合同或协议约定等各方面因素以及自身以总额还是净额结算的意图，对金融资产和金融负债是否符合抵销条件进行评估。

（六）企业应当根据自身实际情况，合理确定列报金融工具的详细程度，使金融工具列报信息既不过度详细，又不过分简化。企业在判断信息披露的详细程度时，应当以本准则的目标为基准。企业提供的金融工具信息，应当能够使财务报表使用者就企业所发行或持有的金融工具对企业的财务影响、导致企业面临的风险以及企业如何管理这些风险作出合理评价。

二、适用范围

通常情况下，符合金融工具确认和计量准则中金融工具定义的项目，应当按照金融工具确认和计量准则核算，并按照本准则列报。但一些符合金融工具定义的项目适用其他准则，因此不按照金融工具确认和计量准则核算，也不按照本准则列报，或者不按照金融工具确认和计量准则核算但应按照本准则列报。同时，一些非金融项目合同有可能按照金融工具确认和计量准则核算并按照本准则列报。

具体来讲，本准则适用于所有企业发行或持有的各种类型的金融工具的列报，但对以下各种情况需要作出特殊考虑：

（一）《企业会计准则第41号——在其他主体中权益的披露》（以下简称“在其他主体中权益的披露准则”）要求企业对子公司、合营安排和联营企业的投资按照该准则在财务报表附注中进行披露。但是，如果涉及与在子公司、合营安排或联营企业中的权益相联系的衍生工具的，该衍生工具的列报适用本准则。

（二）《企业会计准则第33号——合并财务报表》规定，符合投资性主体定义的企业对为其投资活动提供相关服务的子公司以外的其他子公司不予合并，并且对这类其他子公司的投资按照公允价值计量且其变动计入当期损益。投资性主体对于为其活动提供相关服务的子公司以外的其他子公司的投资的核算，适用金融工具确认和计量准则，相关的披露要求同时适用本准则和在其他主体中权益的披露准则。

（三）根据《企业会计准则第2号——长期股权投资》的规定，风险投资机构、共同基金以及类似主体持有的对联营企业或合营企业的投资，可以在初始确认时按照金融工具确认和计量准则规定以公允价值计量且其变动计入当期损益。如果企业选择按照金融工具确认和计量准则核算该类投资，则相关的披露要求同时适用本准则和在其他主体中权益的披露准则。

对于通过风险投资机构、共同基金、信托公司或包括投连险基金在内的类似主体间接持有的对联营企业或合营企业的投资，企业选择按照金融工具确认和计量准则规定以公允价值计量且其变动计入当期损益的，其相关的披露要求同时适用本准则和在其他主体中权益的披露准则。

（四）企业在结构化主体（包括纳入和未纳入合并财务报表范围的结构化主体）中权益的披露，适用在其他主体中权益的披露准则。但企业对结构化主体不实施控制或共同控制，且无重大影响的，企业在该结构化主体中权益的披露要求同时适用本准则和在其他主体中权益的披露准则。

（五）以股份为基础的支付安排虽然符合金融工具的定义，但股份支付安排的核算和列报单独由《企业会计准则第 11 号——股份支付》规范。因此，有关股份支付安排的列报不适用本准则。

对于股份支付安排中涉及买入或卖出非金融项目的合同，如果该合同能够以现金或其他金融工具净额结算，或通过交换金融工具结算，而且企业不是按照预定的购买、销售或使用要求签订并旨在收取或交付非金融项目而持有，则该买入或卖出非金融项目合同的列报适用本准则。对于股份支付安排中涉及企业发行、回购、出售或注销库存股的，相关业务的会计处理适用本准则。

（六）债务重组中涉及的相关权利、义务的核算和列报，适用《企业会计准则第 12 号——债务重组》。对于债务重组中涉及的金融资产转移（例如以金融资产清偿债务），应当按本准则要求进行披露。

（七）保险合同符合金融工具的定义，但因保险合同所涉及的保险负债的计量具有一定的特殊性，其核算和列报由《企业会计准则第25号——原保险合同》和《企业会计准则第26号——再保险合同》（以下简称“相关保险合同准则”）规范。因此，保险合同的列报不适用本准则。

对于保险合同中嵌入的、按照金融工具确认和计量准则规定予以分拆后单独核算的衍生工具，应按照金融工具确认和计量准则进行核算，其列报适用本准则。如果保险合同中嵌入的衍生工具本身就是一项保险合同，则该嵌入衍生工具的核算和列报适用相关保险合同准则。

企业选择按照金融工具确认和计量准则核算的财务担保合同，其列报适用本准则。

（八）具有相机分红特征而适用相关保险合同准则的金融工具，实质上具有与所有者权益类似的参与分享企业剩余收益的权利。该类金融工具不适用本准则中关于金融负债和权益工具区分的规定。

具有相机分红特征的金融工具中如果嵌入了衍生工具，该衍生工具的核算适用金融工具确认和计量准则，其列报适用本准则。如果上述金融工具中嵌入的衍生工具本身就是一项保险合同，则该嵌入衍生工具的核算和列报适用相关保险合同准则。

（九）因职工薪酬计划形成的企业的义务，符合金融工具的定义。但由于职工薪酬相关义务的计量具有一定的特殊性，其核算和列报由《企业会计准则第9号——职工薪酬》规范。因此，职工薪酬相关义务的列报不适用本准则。

（十）本准则第四条规定，对于能够以现金或其他金融工具净额结算，或通过交换金融工具结算的买入或卖出非金融项目的合同，企业应当评估该类合同是否根据企业预定的购买、销售或使用要求签订并旨在收取或交付非金融项目而持有。如果是，则该合同应当适用其他相关会计准则；否则，适用本准则。

（十一）指定为以公允价值计量且其变动计入当期损益的金融负债的贷款承诺，能够以现金净额结算、或通过交换或发行其他金融工具结算的贷款承诺，以及以低于市场利率贷款的贷款承诺，应当按照金融工具确认和计量准则的规定进行核算。除上述项目外，金融工具确认和计量准则不适用企业作出的不可撤销贷款承诺。因此，对于适用金融工具确认和计量准则已确认的贷款承诺的信息披露，应当适用本准则；对于金融工具确认和计量准则未规范的贷款承诺，以及其他未确认的金融工具的信息披露，也适用本准则。例如，银行向某公司作出一项不可撤销贷款承诺，相关合同规定，公司以正在建设中的工程为抵押向银行贷款，银行将根据工程完工进度分期提供贷款，贷款利率按照市场利率确定。本例中，这是一项确定承诺，但不存在净额结算，贷款利率也不低于市场利率，如果银行没有将这项贷款承诺指定为以公允价值计量且其变动计入当期损益的金融负债，那么该项贷款承诺在金融工具确认和计量准则范围之外，但其披露适用本准则。

（十二）对于与金融工具相关的交易或事项涉及所得税的，应当按照《企业会计准则第18号——所得税》进行会计处理。

三、金融负债和权益工具的区分

（一）金融负债和权益工具区分的总体要求

本准则要求，企业发行金融工具，应当按照该金融工具的合同条款及其所反映的经济实质而非法律形式，以及金融资产、金融负债和权益工具的定义，在初始确认时将该金融工具或其组成部分分类为金融资产、金融负债或权益工具。

1．金融负债和权益工具的定义

金融负债，是指企业符合下列条件之一的负债：(1) 向其他方交付现金或其他金融资产的合同义务。(2) 在潜在不利条件下，与其他方交换金融资产或金融负债的合同义务。(3) 将来须用或可用企业自身权益工具进行结算的非衍生工具合同，且企业根据该合同将交付可变数量的自身权益工具。(4) 将来须用或可用企业自身权益工具进行结算的衍生工具合同，但以固定数量的自身权益工具交换固定金额的现金或其他金融资产的衍生工具合同除外。企业对全部现有同类别非衍生自身权益工具的持有方同比例发行配股权、期权或认股权证，使之有权按比例以固定金额的任何货币换取固定数量的该企业自身权益工具的，该类配股权、期权或认股权证应当分类为权益工具。其中，企业自身权益工具不包括应按照本准则第三章分类为权益工具的金融工具，也不包括本身就要求在未来收取或交付企业自身权益工具的合同。

权益工具，是指能证明拥有某个企业在扣除所有负债后的资产中的剩余权益的合同。在同时满足下列条件的情况下，企业应当将发行的金融工具分类为权益工具：（1）该金融工具应当不包括交付现金或其他金融资产给其他方，或在潜在不利条件下与其他方交换金融资产或金融负债的合同义务。（2）将来须用或可用企业自身权益工具结算该金融工具。如为非衍生工具，该金融工具应当不包括交付可变数量的自身权益工具进行结算的合同义务；如为衍生工具，企业只能通过以固定数量的自身权益工具交换固定金额的现金或其他金融资产结算该金融工具。企业自身权益工具不包括应按照本准则第三章分类为权益工具的金融工具，也不包括本身就要求在未来收取或交付企业自身权益工具的合同。

2. 区分金融负债和权益工具需考虑的因素

（1）合同所反映的经济实质。在判断一项金融工具是否应划分为金融负债或权益工具时，应当以相关合同条款及其所反映的经济实质而非仅以法律形式为依据。对金融工具合同所反映经济实质的评估应基于合同的具体条款，合同条款以外的因素一般不予考虑。

（2）工具的特征。有些金融工具可能既有权益工具的特征，又有金融负债的特征。例如，企业发行的某些优先股。因此，企业应当全面细致地分析此类金融工具各组成部分的合同条款，以确定其显示的是金融负债还是权益工具的特征，并进行整体评估，以判定整个工具应划分为金融负债或权益工具，还是既包括金融负债成分又包括权益工具成分的复合金融工具。

3. 相关会计科目

金融工具发行方应当使用“应付债券”、“其他权益工具”等科目对所确认的金融负债和除普通股以外的其他权益工具进行核算。其中，“其他权益工具”科目的使用说明如下：

（1）本科目核算企业发行的除普通股以外的归类为权益工具的各种金融工具。

（2）本科目可按“优先股”、“永续债”等所发行其他权益工具的种类进行明细核算。

（3）本科目的主要账务处理：

①企业发行的其他权益工具，应按实际收到的对价扣除直接归属于权益性交易的交易费用后的金额，借记“银行存款”或“存放中央银行款项”等科目，贷记本科目。

②其他权益工具存续期间分派股利或利息的，作为利润分配处理。企业应根据分配的股利或利息金额，借记“利润分配”科目，贷记“应付股利”科目。

③企业发行的金融工具为复合金融工具的，应按实际收到的金额，借记“银行存款”或“存放中央银行款项”等科目，按负债成分的公允价值，贷记“应付债券”等相关科目，按实际收到的金额扣除负债成分的公允价值后的金额，贷记本科目。对于分摊至负债成分的交易费用，应当计入该负债成分的初始计量金额（该负债成分按摊余成本进行后续计量）或计入当期损益（该负债成分按公允价值进行后续计量且其变动计入当期损益）；对于分摊至权益成分的交易费用，应当从权益中扣除。

④将其他权益工具重分类为金融负债的，应在重分类日按工具的账面价值，借记本科目，按工具的公允价值，贷记“应付债券”等科目，按工具的公允价值与账面价值的差额，贷记或借记“资本公积——资本溢价或股本溢价”科目，如资本公积（资本溢价或股本溢价）不足冲减的，依次借记“盈余公积”、“利润分配——未分配利润”科目。

将金融负债重分类为其他权益工具的，应在重分类日按金融负债的账面价值，借记“应付债券”等科目，贷记本科目。

⑤企业按合同条款约定赎回其他权益工具的，按赎回价格，借记“库存股”科目，贷记“银行存款”或“存放中央银行款项”等科目；注销所赎回的其他权益工具，按其账面价值，借记本科目，按其赎回价格，贷记“库存股”科目，按其差额，借记或贷记“资本公积——资本溢价或股本溢价”科目，如资本公积（资本溢价或股本溢价）不足冲减的，依次借记“盈余公积”、“利润分配——未分配利润”科目。

⑥企业按合同条款约定将其他权益工具转换为普通股的，按该权益工具的账面价值，借记本科目，按普通股的面值，贷记“实收资本（或股本）”科目，按其差额，贷记“资本公积——资本溢价或股本溢价”科目（如转股时其他权益工具的账面价值不足转换为1股普通股而以现金或其他金融资产支付的，还需按支付的现金或其他金融资产的金额，贷记“银行存款”或“存放中央银行款项”等科目）。

（二）金融负债和权益工具区分的基本原则

1. 是否存在无条件地避免交付现金或其他金融资产的合同义务

（1）如果企业不能无条件地避免以交付现金或其他金融资产来履行一项合同义务，则该合同义务符合金融负债的定义。实务中，常见的该类合同义务情形包括：

①不能无条件地避免的赎回，即金融工具发行方不能无条件地避免赎回此金融工具。如果一项合同（除本准则

第三章分类为权益工具的特殊金融工具外）使发行方承担了以现金或其他金融资产回购自身权益工具的义务，即使发行方的回购义务取决于合同对手方是否行使回售权，发行方应当在初始确认时将该义务确认为一项金融负债，其金额等于回购所需支付金额的现值（如远期回购价格的现值、期权行权价格的现值或其他回售金额的现值）。如果发行方最终无须以现金或其他金融资产回购自身权益工具，应当在合同对手方回售权到期时将该项金融负债按照账面价值重分类为权益工具。

②强制付息，即金融工具发行方被要求强制支付利息。例如，一项以面值人民币1亿元发行的优先股要求每年按6%的股息率支付优先股股息，则发行方承担了支付未来每年6%股息的合同义务，应当就该强制付息的合同义务确认金融负债。又如，企业发行的一项永续债，无固定还款期限且不可赎回、每年按8%的利率强制付息。尽管该项工具的期限永续且不可赎回，但由于企业承担了以利息形式永续支付现金的合同义务，因此符合金融负债的定义。

需要说明的是，对企业履行交付现金或其他金融资产的合同义务能力的限制（如无法获得外币、需要得到有关监管部门的批准才能支付或其他法律法规的限制等），并不能解除企业就该金融工具所承担的合同义务，也不能表明该企业无须承担该金融工具的合同义务。

（2）如果企业能够无条件地避免交付现金或其他金融资产，例如能够根据相应的议事机制自主决定是否支付股息（即无支付股息的义务），同时所发行的金融工具没有到期日且合同对手方没有回售权、或虽有固定期限但发行方有权无限期递延（即无支付本金的义务），则此类交付现金或其他金融资产的结算条款不构成金融负债。如果发放股利由发行方根据相应的议事机制自主决定，则股利是累积股利还是非累积股利本身不会影响该金融工具被分类为权益工具。

实务中，优先股等金融工具发行时还可能会附有与普通股股利支付相连结的合同条款。这类工具常见的连结条款包括“股利制动机制”、“股利推动机制”等。“股利制动机制”的合同条款要求企业如果不宣派或支付（视具体合同条款而定，下同）优先股等金融工具的股利，则其也不能宣派或支付普通股股利。“股利推动机制”的合同条款要求企业如果宣派或支付普通股股利，则其也须宣派或支付优先股等金融工具的股利。如果优先股等金融工具所连结的是诸如普通股的股利，发行方根据相应的议事机制能够自主决定普通股股利的支付，则“股利制动机制”及“股利推动机制”本身均不会导致相关金融工具被分类为金融负债。

【例1】甲公司发行了一项年利率为8%、无固定还款期限、可自主决定是否支付利息的不可累积永续债，其他合同条款如下（假定没有其他条款导致该工具被分类为金融负债）：

①该永续债嵌入了一项看涨期权，允许甲公司在发行第5年及之后以面值回购该永续债。

②如果甲公司在第5年末没有回购该永续债，则之后的票息率增加至12%（通常称为“票息递增”特征）。

③该永续债票息在甲公司向其普通股股东支付股利时必须支付（即“股利推动机制”）。

假设：甲公司根据相应的议事机制能够自主决定普通股股利的支付；该公司发行该永续债之前多年来均支付普

通股股利。

本例中，尽管甲公司多年来均支付普通股股利，但由于甲公司能够根据相应的议事机制自主决定普通股股利的支付，并进而影响永续债利息的支付，对甲公司而言，该永续债利息并未形成支付现金或其他金融资产的合同义务；尽管甲公司有可能在第5年末行使回购权，但是甲公司并没有回购的合同义务，因此该永续债应整体被分类为权益工具。

(3) 有些金融工具虽然没有明确地包含交付现金或其他金融资产义务的条款和条件，但有可能通过其他条款和条件间接地形成合同义务。

(4) 判断一项金融工具是划分为权益工具还是金融负债，不受下列因素的影响：

①以前实施分配的情况；

②未来实施分配的意向；

③相关金融工具如果没有发放股利对发行方普通股的价格可能产生的负面影响；

④发行方的未分配利润等可供分配权益的金额；

⑤发行方对一段期间内损益的预期；

⑥发行方是否有能力影响其当期损益。

2. 是否通过交付固定数量的自身权益工具结算

如果一项金融工具须用或可用企业自身权益工具进行结算，企业需要考虑用于结算该工具的自身权益工具，是作为现金或其他金融资产的替代品，还是为了使该工具持有方享有在发行方扣除所有负债后的资产中的剩余权益。如果是前者，该工具是发行方的金融负债；如果是后者，该工具是发行方的权益工具。因此，对于以企业自身权益工具结算的金融工具，其分类需要考虑所交付的自身权益工具的数量是可变的还是固定的。

对于将来须用或可用企业自身权益工具结算的金融工具的分类，应当区分衍生工具和非衍生工具。例如，甲公司发行了一项无固定期限、能够自主决定支付本息的可转换优先股。按相关合同规定，甲公司将在第 5 年末将发行的该工具强制转换为可变数量的普通股。该可转换优先股是一项非衍生工具。又如，甲公司发行一项 5 年期分期付息到期还本，同时到期可转换为甲公司普通股的可转换债券。该可转换债券中嵌入的转换权是一项衍生工具。

（1）基于自身权益工具的非衍生工具。

对于非衍生工具，如果发行方未来有义务交付可变数量的自身权益工具进行结算，则该非衍生工具是金融负债；否则，该非衍生工具是权益工具。

某项合同并不仅仅因为其可能导致企业交付自身权益工具而成为一项权益工具。企业可能承担交付一定数量的自身权益工具的合同义务，如果将交付的企业自身权益工具数量是变化的，使得将交付的企业自身权益工具的数量乘以其结算时的公允价值等于合同义务的金额，则无论该合同义务的金额是固定的，还是完全或部分地基于除企业自身权益工具的市场价格以外变量（例如利率、某种商品的价格或某项金融工具的价格）的变动而变化，该合同应当分类为金融负债。

【例 2】 甲公司与乙公司签订的合同约定，甲公司以 100 万元等值的自身权益工具偿还所欠乙公司债务。

本例中，甲公司需偿还的负债金额 100 万元是固定的，但甲公司需交付的自身权益工具的数量随着其权益工具市场价格的变动而变动。在这种情况下，甲公司发行的该金融工具应当划分为金融负债。

【例3】甲公司与乙公司签订的合同约定，甲公司以100盎司黄金等值的自身权益工具偿还所欠乙公司债务。

本例中，甲公司需偿还的负债金额随黄金价格变动而变动，同时，甲公司需交付的自身权益工具的数量随着其权益工具市场价格的变动而变动。在这种情况下，该金融工具应当划分为金融负债。

【例4】甲公司发行了名义金额人民币100元的优先股，合同条款规定甲公司在3年后将优先股强制转换为普通股，转股价格为转股日前一工作日的该普通股市价。

本例中，转股价格是变动的，未来须交付的普通股数量是可变的，实质可视作甲公司将在3年后使用自身普通股并按其市价履行支付优先股每股人民币100元的义务。在这种情况下，该强制可转换优先股整体是一项金融负债。

在上述3个例子中，虽然企业通过交付自身权益工具来结算合同义务，该合同仍属于一项金融负债，而并非企业的权益工具。因为企业以可变数量的自身权益工具作为合同结算方式，该合同不能证明持有方享有发行方在扣除所有负债后的资产中的剩余权益。

（2）基于自身权益工具的衍生工具。

对于衍生工具，如果发行方只能通过以固定数量的自身权益工具交换固定金额的现金或其他金融资产进行结算（即“固定换固定”），则该衍生工具是权益工具；如果发行方以固定数量自身权益工具交换可变金额现金或其他金融资产，或以可变数量自身权益工具交换固定金额现金或其他金融资产，或以可变数量自身权益工具交换可变金额现金或其他金融资产，则该衍生工具应当确认为衍生金融负债或衍生金融资产。因此，除非满足“固定换固定”条件，否则将来须用或可用企业自身权益工具结算的衍生工具应分类为衍生金融负债或衍生金融资产。例如，发行在外的股票期权赋予了工具持有方以固定价格购买固定数量的发行方股票的权利。该合同的公允价值可能会随着股票价格以及市场利率的波动而变动。但是，只要该合同的公允价值变动不影响结算时发行方可收取的现金或其他金融资产的金额，也不影响需交付的权益工具的数量，则发行方应将该股票期权作为一项权益工具处理。

运用上述“固定换固定”原则来判断会计分类的金融工具常见于可转换债券，具备转股条款的永续债、优先股等。实务中，转股条款呈现的形式可能纷繁复杂，发行方应审慎确定其合同条款及所反映的经济实质是否能够满足“固定换固定”原则。

需要说明的是，在实务中，对于附有可转换为普通股条款的可转换债券等金融工具，在其转换权存续期内，发行方可能发生新的融资或者与资本结构调整有关的经济活动，例如股份拆分或合并、配股、转增股本、增发新股、发放现金股利等。通常情况下，即使转股价初始固定，但为了确保此类金融工具持有方在发行方权益中的潜在利益不会被稀释，合同条款会规定在此类事项发生时，转股价将相应进行调整。此类对转股价格以及相应转股数量的调整通常称为“反稀释”调整。原则上，如果按照转股价格调整公式进行调整，可使得稀释事件发生之前和之后，每一份此类金融工具所代表的发行方剩余利益与每一份现有普通股所代表的剩余利益的比例保持不变，即此类金融工具持有方相对于现有普通股股东所享有的在发行方权益中的潜在相对利益保持不变，则这一调整被认为并不违背“固定换固定”原则。

【例5】 甲公司于2×13年2月1日向乙公司发行以自身普通股为标的的看涨期权。根据该期权合同，如果乙公司行权（行权价为102元），乙公司有权以每股102元的价格从甲公司购入普通股1 000股。其他有关资料如下：

(1) 合同签订日	2×13年2月1日
(2) 行权日（欧式期权）	2×14年1月31日
(3) 2×13年2月1日每股市价	100元
(4) 2×13年12月31日每股市价	104元
(5) 2×14年1月31日每股市价	104元
(6) 2×14年1月31日应支付的固定行权价格	102元
(7) 期权合同中的普通股数量	1 000股
(8) 2×13年2月1日期权的公允价值	5 000元
(9) 2×13年12月31日期权的公允价值	3 000元
(10) 2×14年1月31日期权的公允价值	2 000元

情形1：期权将以现金净额结算

甲公司的会计处理如下：

①2×13年2月1日，确认发行的看涨期权：

借：银行存款　　5 000

　　贷：衍生工具——看涨期权　　5 000

②2×13年12月31日，确认期权公允价值减少：

借：衍生工具——看涨期权　　2 000

　　贷：公允价值变动损益　　2 000

③2×14年1月31日，确认期权公允价值减少：

借：衍生工具——看涨期权　　1 000

　　贷：公允价值变动损益　　1 000

在同一天，乙公司行使了该看涨期权，合同以现金净额方式进行结算。甲公司有义务向乙公司交付104 000元（104×1 000），并从乙公司收取102 000元（102×

1 000)，甲公司实际支付净额为2 000元。反映看涨期权结算的账务处理如下：

借：衍生工具——看涨期权　　　　2 000

　贷：银行存款　　　　　　　　　　2 000

情形2：期权将以普通股净额结算

除期权以普通股净额结算外，其他资料与情形1相同。甲公司实际向乙公司交付普通股数量约为19.2股（2 000/104），因交付的普通股数量须为整数，实际交付19股，余下的金额24元将以现金方式支付。因此，甲公司除以下账务处理外，其他账务处理与情形1相同：

2×14年1月31日：

借：衍生工具——看涨期权　　　　2 000

　贷：股本　　　　　　　　　　　　19

　　资本公积——股本溢价　　　　1 957

　　银行存款　　　　　　　　　　　24

情形3：期权将以普通股总额结算

除甲公司以约定的固定数量的自身普通股交换固定金额现金外，其他资料与情形1相同。因此，乙公司有权于2×14年1月31日以102 000元（102×1 000）购买甲公司1 000股普通股。

甲公司的会计处理如下：

①2×13年2月1日，确认发行的看涨期权：

借：银行存款　　　　　　　　　5 000

　贷：其他权益工具　　　　　　　5 000

由于甲公司将以固定数量的自身股票换取固定金额现金，应将该衍生工具确认为权益工具。

②2×13年12月31日：由于该期权合同确认为权益工具，甲公司无需就该期权的公允价值变动作出会计处

理，因此无需在2×13年12月31日编制会计分录。

③2×14年1月31日，乙公司行权：

借：现金 102 000

其他权益工具 5 000

贷：股本 1 000

资本公积——股本溢价 106 000

由于该看涨期权是价内期权（行权价格每股102元小于市场价格每股104元），乙公司在行权日行使了该期权，向甲公司支付了102 000元以获取1 000股甲公司股票。

（三）以外币计价的配股权、期权或认股权证

如果企业的某项合同是通过固定金额的外币（即企业记账本位币以外的其他货币）交换固定数量的自身权益工具进行结算，由于固定金额的外币代表的是以企业记账本位币计价的可变金额，因此不符合“固定换固定”原则。但是，本准则对以外币计价的配股权、期权或认股权证提供了一个例外情况：企业对全部现有同类别非衍生自身权益工具的持有方同比例发行配股权、期权或认股权证，使之有权按比例以固定金额的任何货币交换固定数量的该企业自身权益工具的，该类配股权、期权或认股权证应当分类为权益工具。这是一个范围很窄的例外情况，不能以类推方式适用于其他工具（如以外币计价的可转换债券和并非按比例发行的配股权、期权或认股权证）。

【例6】一家在多地上市的企业，向其所有的现有普通股股东提供每持有2股股份可购买其1股普通股的权利（配股比例为2股配1股），配股价格为配股当日股价的70%。由于该企业在多地上市，受到各国家和地区当地的法规限制，配股权行权价的币种须与当地货币一致。

本例中，由于企业是按比例向其所有同类普通股股东提供配股权，且以固定金额的任何货币交换固定数量的该企业普通股，因此该配股权应当分类为权益工具。

（四）或有结算条款

附有或有结算条款的金融工具，指是否通过交付现金或其他金融资产进行结算，或者是否以其他导致该金融工具成为金融负债的方式进行结算，需要由发行方和持有方均不能控制的未来不确定事项（如股价指数、消费价格指数变动，利率或税法变动，发行方未来收入、净收益或债务权益比率等）的发生或不发生（或发行方和持有方均不能控制的未来不确定事项的结果）来确定的金融工具。

对于附有或有结算条款的金融工具，发行方不能无条件地避免交付现金、其他金融资产或以其他导致该工具成为金融负债的方式进行结算的，应当分类为金融负债。但是，满足下列条件之一的，发行方应当将其分类为权益工具：（1）要求以现金、其他金融资产或以其他导致该工具成为金融负债的方式进行结算的或有结算条款几乎不具有可能性，即相关情形极端罕见、显著异常或几乎不可能发生。（2）只有在发行方清算时，才需以现金、其他金融资产或以其他导致该工具成为金融负债的方式进行结算。（3）按照本准则第三章分类为权益工具的可回售工具。

实务中，出于对自身商业利益的保障和公平原则考虑，合同双方会对一些不能由各自控制的情况下是否要求支付现金（包括股票）作出约定，这些“或有结算条款”可以包括与外部市场有关的、与发行方自身情况有关的事项等。出于防止低估负债和防止通过或有条款的设置来避免对复合工具中负债成分进行确认的目的，除非能够证明或有事件是极端罕见、显著异常或几乎不可能发生的情况或者仅限于清算事件，本准则规定，发行方需要针对这些条款确认金融负债。例如，甲公司发行了一项永续债，每年按照合同条款支付利息，但同时约定其利息只在发行方有可供分配利润时才需支付，如果发行方可供分配利润不足则可能无法履行该项支付义务。虽然利息的支付取决于是否有可供分配利润使得利息支付义务成为或有情况下的义务，但是甲公司并不能无条件地避免支付现金的合同义务，因此该公司应当将该永续债划分为一项金融负债。

如果合同的或有结算条款要求只有在发生了极端罕见、显著异常或几乎不可能发生的事件时才能以现金、其他金融资产或以其他导致该工具成为金融负债的方式进行结算，那么可将该或有结算条款视为一项不具有可能性的条款。如果一项合同只有在上述不具有可能性的事件发生时才须以现金、其他金融资产或以其他导致该工具成为金融负债的方式进行结算，对金融工具进行分类时，不需要考虑这些或有结算条款，应将该合同确认为一项权益工具。

【例7】 甲公司拟发行优先股。按合同条款约定，甲公司可根据相应的议事机制自行决定是否派发股利，如果甲公司的控股股东发生变更（假设该事项不受甲公司控制），甲公司必须按面值赎回该优先股。

本例中，该或有事项（控股股东变更）不受甲公司控制，属于或有结算事项。同时，该事项的发生并非不具有可能性。由于甲公司不能无条件地避免赎回股份的义务，因此，该工具应当划分为一项金融负债。

（五）结算选择权

本准则规定，对于存在结算选择权的衍生工具（例如，合同规定发行方或持有方能选择以现金净额或以发行股份交换现金等方式进行结算的衍生工具），发行方应当将其确认为金融资产或金融负债，但所有可供选择的结算方式均表明该衍生工具应当确认为权益工具的除外。

例如，为防止附有转股权的金融工具的持有方行使转股权而导致发行方的普通股股东的股权被稀释，发行方会在衍生工具合同中加入一项现金结算选择权：发行方有权以等值于所应交付的股票数量乘以股票市价的现金金额支付给工具持有方，而不再发行新股。按照本准则规定，如果转股权这样的衍生工具给予合同任何一方选择结算方式的权利，除非所有可供选择的结算方式均表明该衍生工具应当确认为权益工具，否则发行方应当将这样的转股权确认为衍生金融负债或衍生金融资产。

（六）复合金融工具

本准则规定，企业应对发行的非衍生工具进行评估，以确定所发行的工具是否为复合金融工具。企业所发行的非衍生工具可能同时包含金融负债成分和权益工具成分。对于复合金融工具，发行方应于初始确认时将各组成部分分别分类为金融负债、金融资产或权益工具。企业发行的一项非衍生工具同时包含金融负债成分和权益工具成分的，应于初始计量时先确定金融负债成分的公允价值（包括其中可能包含的非权益性嵌入衍生工具的公允价值），再从复合金融工具公允价值中扣除负债成分的公允价值，作为权益工具成分的价值。

可转换债券等可转换工具可能被分类为复合金融工具。发行方对该类可转换工具进行会计处理时，应当注意以下方面：

1. 在可转换工具转换时，应终止确认负债成分，并将其确认为权益。原来的权益成分仍旧保留为权益（从权益的一个项目结转到另一个项目，如从“其他权益工具”转入“资本公积——资本溢价或股本溢价”）。可转换工具转换时不产生损益。

2. 企业通过在到期日前赎回或回购而终止一项仍具有转换权的可转换工具时，应在交易日将赎回或回购所支付的价款以及发生的交易费用分配至该工具的权益成分和负债成分。分配价款和交易费用的方法应与该工具发行时采用的分配方法一致。价款和交易费用分配后，所产生的利得或损失应分别根据权益成分和负债成分所适用的会计原则进行处理，分配至权益成分的款项计入权益，与债务成分相关的利得或损失计入损益。

【例8】 甲公司2×13年1月1日按每份面值1 000元发行了2 000份可转换债券，取得总收入2 000 000元。该债券期限为3年，票面年利息为6%，利息按年支付；每份债券均可在债券发行1年后的任何时间转换为250股普通股。甲公司发行该债券时，二级市场上与之类似但没有转股权的债券的市场利率为9%。假定不考虑其他相关因素，甲公司将发行的债券划分为以摊余成本计量的金融负债。

(1) 先对负债成分进行计量，债券发行收入与负债成分的公允价值之间的差额则分配到权益成分（表1）。负债成分的现值按9%的折现率计算：

表1 单位：元

本金的现值： 第3年年末应付本金2 000 000元（复利现值系数为0.7721835）	1 544 367
利息的现值： 3年期内每年应付利息120 000元（年金现值系数为2.5312917）	303 755
负债成分总额	1 848 122
权益成分金额	151 878
债券发行总收入	2 000 000

（2）甲公司的账务处理：

①2×13年1月1日，发行可转换债券：

借：银行存款　　2 000 000

　　应付债券——利息调整　　151 878

　　贷：应付债券——面值　　2 000 000

　　　　其他权益工具　　151 878

②2×13年12月31日，计提和实际支付利息：

计提债券利息时：

借：财务费用　　166 331

　　贷：应付利息　　120 000

　　　　应付债券——利息调整　　46 331

实际支付利息时：

借：应付利息　　120 000

　　贷：银行存款　　120 000

③2×14年12月31日，债券转换前，计提和实际支付利息：

计提债券利息时：

借：财务费用　　170 501

　　贷：应付利息　　120 000

　　　　应付债券——利息调整　　50 501

实际支付利息时：

借：应付利息　　　　　　　　　　120 000

　　贷：银行存款　　　　　　　　　　120 000

至此，转换前应付债券的摊余成本为1 944 954元（1 848 122+46 331+50 501）。

假定至2×14年12月31日，甲公司股票上涨幅度较大，可转换债券持有方均于当日将持有的可转换债券转为甲公司股份。由于甲公司对应付债券采用摊余成本后续计量，因此，在转换日，转换前应付债券的摊余成本应为1 944 954元，而权益成分的账面价值仍为151 878元。同样是在转换日，甲公司发行股票数量为500 000股。对此，甲公司的账务处理如下：

借：应付债券——面值　　　　　　2 000 000

　　贷：应付债券——利息调整　　　　　55 046

　　　　股本　　　　　　　　　　　　500 000

　　　　资本公积——股本溢价　　　　1 444 954

借：其他权益工具　　　　　　　　151 878

　　贷：资本公积——股本溢价　　　　151 878

3. 企业可能修订可转换工具的条款以促成持有方提前转换。例如，提供更有利的转换比率或在特定日期前转换则支付额外的对价。在条款修订日，对于持有方根据修订后的条款进行转换所能获得的对价的公允价值与根据原有条款进行转换所能获得的对价的公允价值之间的差额，企业应将其确认为一项损失。

4. 企业发行认股权和债权分离交易的可转换公司债券，所发行的认股权符合本准则有关权益工具定义的，应当确认为一项权益工具（其他权益工具），并以发行价格减去不附认股权且其他条件相同的公司债券公允价值后的净额进行计量。认股权持有方到期没有行权的，企业应当在到期时将原计入其他权益工具的部分转入资本公积（股本溢价）。

（七）合并财务报表中金融负债和权益工具的区分

在合并财务报表中对金融工具（或其组成部分）进行分类时，企业应考虑集团成员和金融工具的持有方之间达成的所有条款和条件，以确定集团作为一个整体是否由于该工具而承担了交付现金或其他金融资产的义务，或者承担了以其他导致该工具分类为金融负债的方式进行结算的义务。例如，某集团一子公司发行一项金融工具，同时其母公司或集团其他成员与该工具的持有方达成了其他附加协议，母公司或集团其他成员可能对股份相关的支付金额（如股利）作出担保；或者集团另一成员可能承诺在该子公司不能支付预期款项时购买这些股份。在这种情形下，尽管集团子公司（发行方）在没有考虑这些附加协议的情况下，在其个别财务报表中对这项工具进行了适当的分类，但是在合并财务报表中，集团成员与该工具的持有方之间的附加协议的影响意味着集团作为一个整体无法避免经济利益的转移。因此合并财务报表应当考虑这些附加协议，以确保从集团整体的角度反映所签订的所有合同和相关交易。只要集团作为一个整体由于该工具承担了交付现金、其他金融资产或以其他导致该工具成为金融负债的方式进行结算的义务，则该工具（或其中与上述义务相关的部分）在合并财务报表中就应当分类为金融负债。

【例9】 甲公司为乙公司的母公司，其向乙公司的少数股东签出一份在未来6个月后以乙公司普通股为基础的看跌期权。如果6个月后乙公司股票价格下跌，乙公司少数股东有权要求甲公司无条件地以固定价格购入乙公司少数股东所持有的乙公司股份。

本例中，在甲公司个别财务报表中，由于该看跌期权的价值随着乙公司股票价格的变动而变动，并将于未来约定日期进行结算，因此该看跌期权符合衍生工具的定义而确认为一项衍生金融负债。而在集团合并财务报表中，少数股东所持有的乙公司股份也是集团自身权益工具，由于看跌期权使集团整体承担了不能无条件地避免以现金或其他金融资产回购自身权益工具的合同义务，合并财务报表中应当将该义务确认为一项金融负债（尽管现金的支付取决于持有方是否行使期权），其金额等于回购所需支付金额的现值。

四、特殊金融工具的区分

（一）可回售工具

可回售工具，是指根据合同约定，持有方有权将该工具回售给发行方以获取现金或其他金融资产的权利，或者在未来某一不确定事项发生或者持有方死亡或退休时，自动回售给发行方的金融工具。

根据本准则，符合金融负债定义，但同时具有一定特征的可回售工具，应当分类为权益工具。对于本准则第十六条规定的分类为权益工具的可回售工具的特征要求，有以下几点补充说明：

1. 在企业清算时具有优先要求权的工具不是有权按比例份额获得企业净资产的工具。例如，如果一项工具使持有方有权在企业清算时享有除企业净资产份额之外的固定股利，而类别次于该工具的其他工具在企业清算时仅仅享有企业净资产份额，则该工具所属类别中所有工具均不属于在企业清算时有权按比例份额获得企业净资产的工具。

2. 在确定一项工具是否属于最次级类别时，应当评估若企业在评估日发生清算时该工具对企业净资产的要求权。同时，应当在相关情况发生变化时重新评估对该工具的分类。例如，如果企业发行或赎回了另一项金融工具，可能会影响对该工具是否属于最次级类别的评估结果。如果企业只发行一类金融工具，则可视为该工具属于最次级类别。

【例10】 甲公司设立时发行了100单位A类股份，而后发行了10 000单位B类股份给其他投资人，B类股份为可回售股份。假定甲公司只发行了A、B两种金融工具，A类股份为甲公司最次级权益工具。

本例中，在甲公司的整个资本结构中，A类股份并不重大，且甲公司的主要资本来自B类股份，但由于B类股份并非甲公司发行的最次级的工具，因此不应当将B类股份归类为权益工具。

3. 除了发行方应当以现金或金融资产回购或赎回该工具的合同义务外，该工具不包括其他符合金融负债定义的合同义务。将特征限于该唯一义务可以确保有限范围的例外不能适用于具有除回售权以外其他合同义务的可回售工具。将具有除回售权以外的其他合同义务的可回售工具纳入有限范围的例外，会将可能不代表企业剩余权益的工具包括在内，因为持有方可能会对一些净资产拥有优先于其他工具持有方的要求权。

例如，企业发行的工具是可回售的，除了这一回售特征外，还在合同中约定每年必须向工具持有方按照净利润的一定比例进行分配，这一约定构成了一项交付现金的义务，因此企业发行的这项可回售工具不应分类为权益工具。

【例11】 甲企业为一合伙企业。相关入股合同约定：新合伙人加入时按确定的金额和持股比例入股，合伙人退休或退出时以其持股的公允价值予以退还；合伙企业营运资金均来自合伙人入股，合伙人持股期间可按持股比例分得合伙企业的利润（但利润分配由合伙企业自主决定）；当合伙企业清算时，合伙人可按持股比例获得合伙企业的净资产。

本例中，由于合伙企业在合伙人退休或退出时有向合伙人交付金融资产的义务，因而该可回售工具（合伙人入股合同）满足金融负债的定义。同时，其作为可回售工具具备了以下特征：(1) 合伙企业清算时合伙人可按持股比例获得合伙企业的净资产；(2) 该入股款属于合伙企业中最次级类别的工具；(3) 所有的入股款具有相同的特征；(4) 合伙企业仅有以现金或其他金融资产回购该工具的合同义务；(5) 合伙人持股期间可获得的现金流量总额，实质上基于该工具存续期内企业的损益、已确认净资产的变动、已确认和未确认净资产的公允价值变动。因而，该金融工具应当确认为权益工具。

（二）发行方仅在清算时才有义务向另一方按比例交付其净资产的金融工具

根据本准则，符合金融负债定义，但同时具有一定特征的发行方仅在清算时才有义务向另一方按比例交付其净资产的金融工具，应当分类为权益工具。对于本准则第十七条规定的分类为权益工具的发行方仅在清算时才有义务向另一方按比例交付其净资产的金融工具的有关特征要求，有以下补充说明：

该部分特征要求与针对可回售工具的其中几条特征要求是类似的，但特征要求相对较少。原因在于清算是触发该合同支付义务的唯一条件，可以不必考虑清算事件以外的合同支付义务，包括：不要求考虑除清算以外的其他的合同支付义务（如股利分配）；不要求考虑存续期间预期现金流量的确定方法（如根据净利润或净资产）；不要求该类别工具的所有特征均相同，仅要求清算时按比例支付净资产份额的特征相同。

【例 12】 甲企业为一中外合作经营企业，成立于2×14年1月1日，经营期限为20年。按照相关合同约定，甲企业的营运资金及主要固定资产均来自双方股东投入，经营期间甲企业按照合作经营合同进行运营；经营到期时，该企业的净资产根据合同约定按出资比例向合作双方偿还。

由于该合作企业依照合同于经营期限届满时需将企业的净资产交付给双方股东，上述合作方的入股款符合金融负债的定义，但合作企业仅在清算时才有义务向合作双方交付其净资产且其同时具备下列特征：(1) 合作双方在合作企业发生清算时可按合同规定比例份额获得企业净资产；(2) 该入股款属于合作企业中最次级类别的工具。因而该金融工具应当确认为权益工具。

（三）特殊金融工具分类为权益工具的其他条件

分类为权益工具的可回售工具，或发行方仅在清算时才有义务向另一方按比例交付其净资产的金融工具，除应当具有本准则第十六或第十七条所述特征外，其发行方应当没有同时具备下列特征的其他金融工具或合同：（1）现金流量总额实质上基于企业的损益、已确认净资产的变动、已确认和未确认净资产的公允价值变动（不包括该工具或合同的任何影响）；（2）实质上限制或固定了本准则第十六条或第十七条所述工具持有方所获得的剩余回报。在运用上述条件时，对于发行方与本准则第十六条或第十七条所述工具持有方签订的非金融合同，如果其条款和条件与发行方和其他方之间可能订立的同等合同类似，不应考虑该非金融合同的影响。但如果不能作出此判断，则不得将该工具分类为权益工具。

下列按照涉及非关联方的正常商业条款订立的工具，不大可能会导致满足本准则特征要求的可回售工具或发行方仅在清算时才有义务向另一方按比例交付其净资产的金融工具无法被分类为权益工具：(1)现金流量总额实质上基于企业的特定资产；(2)现金流量总额基于企业收入的一定比例；(3)就员工为企业提供的服务给予报酬的合同；(4)要求企业为其所提供的产品或服务支付一定报酬（占利润的比例非常小）的合同。

（四）特殊金融工具在母公司合并财务报表中的处理

由于将某些可回售工具以及仅在清算时才有义务向另一方按比例交付其净资产的金融工具分类为权益工具而不是金融负债是本准则原则的一个例外，本准则不允许将该例外扩大到发行方母公司合并财务报表中少数股东权益的分类。因此，子公司在个别财务报表中作为权益工具列报的特殊金融工具，在其母公司合并财务报表中对应的少数股东权益部分，应当分类为金融负债。

【例13】甲公司控制乙公司，因此甲公司的合并财务报表包括乙公司。乙公司资本结构的一部分由可回售工具（其中一部分由甲公司持有，其余部分由其他外部投资者持有）组成，这些可回售工具在乙公司个别财务报表中符合权益分类的要求。甲公司在可回售工具中的权益在合并时抵销。对于其他外部投资者持有的乙公司发行的可回售工具，其在甲公司合并财务报表中不应作为少数股东权益列示，而应作为金融负债列示。

五、发行金融工具的重分类

由于发行的金融工具原合同条款约定的条件或事项随着时间的推移或经济环境的改变而发生变化，可能会导致已发行金融工具（含本准则第三章规定的特殊金融工具）的重分类。例如，企业拥有可回售工具和其他工具，可回售工具并非最次级类别，并不符合分类为权益工具的条件。如果企业赎回其已发行的全部其他工具后，发行在外的可回售工具符合了分类为权益工具的全部特征和全部条件，那么企业应从其赎回全部其他工具之日起将可回售工具重分类为权益工具。

发行方原分类为权益工具的金融工具，自不再被分类为权益工具之日起，发行方应当将其重分类为金融负债，以重分类日该工具的公允价值计量，重分类日权益工具的账面价值和金融负债的公允价值之间的差额确认为权益。

发行方原分类为金融负债的金融工具，自不再被分类为金融负债之日起，发行方应当将其重分类为权益工具，以重分类日金融负债的账面价值计量。

六、收益和库存股

（一）利息、股利、利得或损失的处理

将金融工具或其组成部分划分为金融负债还是权益工具，决定了与该工具或其组成部分相关的利息、股利、利得或损失的会计处理方法。金融工具或其组成部分属于金融负债的，相关利息、股利、利得或损失，以及赎回或再融资产生的利得或损失等，应当计入当期损益。金融工具或其组成部分属于权益工具的，其发行（含再融资）、回购、出售或注销时，发行方应当作为权益的变动处理；发行方不应当确认权益工具的公允价值变动；发行方对权益工具持有方的分配应作利润分配处理，发放的股票股利不影响所有者权益总额。

与权益性交易相关的交易费用应当从权益中扣减。交易费用是指可直接归属于购买、发行或处置金融工具的增量费用。只有那些可直接归属于发行新的权益工具或者购买此前已经发行在外的权益工具的增量费用才是与权益交易相关的费用。例如，在企业首次公开募股的过程中，除了会新发行一部分可流通的股份之外，也往往会将已发行的股份进行上市流通，在这种情况下，企业需运用专业判断以确定哪些交易费用与权益交易（发行新股）相关，应计入权益核算；哪些交易费用与其他活动（将已发行的股份上市流通）相关，尽管也是在发行权益工具的同时发生的，但是不得计入权益。与多项交易相关的共同交易费用，应当在合理的基础上，采用与其他类似交易一致的方法，在各项交易间进行分摊。

利息、股利、利得或损失的会计处理原则同样也适用于复合金融工具。任何与负债成分相关的利息、股利、利得或损失应计入损益，任何与权益成分相关的利息、股利、利得或损失应计入权益。发行复合金融工具发生的交易费用，也应当在负债成分和权益成分之间按照各自占总发行价款的比例进行分摊。例如，企业发行一项5年后以现金强制赎回的非累积优先股。在优先股存续期间内，企业可以自行决定是否支付股利。这一非累积可赎回优先股是一项复合金融工具，其中的负债成分为赎回金额的折现值。负债成分采用实际利率法确认的利息支出应计入损益，而与权益成分相关的股利支付应确认为利润分配。如果该优先股的赎回不是强制性的而是取决于持有方是否要求企业进行赎回，或者该优先股需转换为可变数量的普通股，同样的会计处理仍然适用。但是，如果该优先股赎回时所支付的金额还包括未支付的股利，则整个工具是一项金融负债，在这种情况下，支付的所有股利都应计入损益。

（二）库存股

回购自身权益工具（库存股）支付的对价和交易费用，应当减少所有者权益，不得确认金融资产。库存股可由企业自身购回和持有，也可由集团合并范围内的其他成员购回和持有。其他成员包括子公司，但是不包括集团的联营和合营企业。此外，如果企业是替他人持有自身权益工具，例如金融机构作为代理人代其客户持有该金融机构自身的股票，那么所持有的这些股票不是金融机构自身的资产，也不属于库存股。

如果企业持有库存股之后又将其重新出售，反映的是不同所有者之间的转让，而非企业本身的利得或损失。因此，无论这些库存股的公允价值如何波动，企业应直接将支付或收取的所有对价在权益中确认，而不产生任何损益。

七、金融资产和金融负债的抵销

（一）金融资产和金融负债相互抵销的条件

金融资产和金融负债应当在资产负债表内分别列示，不得相互抵销。但是，同时满足下列条件的，应当以相互抵销后的净额在资产负债表内列示：

1. 企业具有抵销已确认金额的法定权利，且该种法定权利是当前可执行的。

本准则第二十九至第三十一条对抵销权进行了解释。需要说明的是，抵销协议中将支付或将收取的金额的不确定性并不妨碍企业的抵销权成为当前可执行的法定权利。同样地，时间的推移也不会影响企业的抵销权成为当前可执行的法定权利，因为时间的推移并不意味着该抵销权取决于未来事件。但是，在某些未来事件发生之后则消失或成为不可执行的抵销权不满足抵销条件。例如，一项在交易对手方出现信用评级下降之后则成为不可执行的抵销权是不满足抵销条件的。

2. 企业计划以净额结算，或同时变现该金融资产和清偿该金融负债。

当企业分别通过收取和支付总额来结算两项金融工具时，即使该两项工具结算的间隔期很短，但企业需承受的可能是重大的资产信用风险和负债流动性风险，在这种情况下以净额列报并不适合。但是，金融市场中的清算机构的运作机制可能有助于两项金融工具达到同时结算。在这种情况下，若符合本准则第三十二条相关条件，相关的现金流量实际上等于一项净额，企业所承受的信用风险或流动性风险并非针对总额，因而满足净额结算的条件。

（二）金融资产和金融负债不能相互抵销的情形

本准则规定，在下列情况下，通常认为不满足抵销的条件，不得抵销相关金融资产和金融负债：

1. 使用多项不同金融工具来仿效单项金融工具的特征，即“合成工具”。例如，利用浮动利率长期债券与收取浮动利息且支付固定利息的利率互换，合成一项固定利率长期负债。

2. 金融资产和金融负债虽然具有相同的主要风险敞口（例如远期合同或其他衍生工具组合中的资产和负债），但涉及不同的交易对手方。

3. 无追索权金融负债与作为其担保品的金融资产或其他资产。

4. 债务人为解除某项负债而将一定的金融资产进行托管（例如偿债基金或类似安排），但债权人尚未接受以这些资产清偿负债。

5. 因某些导致损失的事项而产生的义务预计可以通过保险合同向第三方索赔而得以补偿。

（三）总互抵协议

企业与同一交易对手方进行多项金融工具交易时，可能与该交易对手方签订涵盖其所有交易的“总互抵协议”。这些总互抵协议形成的法定抵销权利只有在出现特定的违约事项时，或在正常经营过程中出现预计不会发生的其他情况时，才会生效并影响单项金融资产的变现和单项金融负债的结算。这种协议常常被金融机构用于在交易对手方破产或发生其他导致交易对手方无法履行义务的情况时保护金融机构免受损失。一旦发生触发事件，这些协议通常规定对协议涵盖的所有金融工具按单一净额进行结算。

总互抵协议的存在本身并不一定构成协议所涵盖的资产和负债相互抵销的基础。如果总互抵协议仅形成抵销已确认金额的有条件权利，这不符合企业必须拥有当前可执行的抵销已确认金额的法定权利的要求；同时企业可能没有以净额为基础进行结算或同时变现资产和清偿负债的意图。

八、金融工具对财务状况和经营成果影响的列报

（一）一般性规定

1. 企业在对金融工具各项目进行列报时，应当根据金融工具的特点及相关信息的性质对金融工具进行归类，并充分披露与金融工具相关的信息，使得财务报表附注中的披露与财务报表列示的各项目相互对应。例如，对衍生工具进行披露时，应当将其恰当归类，如按外汇衍生工具、利率衍生工具、信用衍生工具等归类。

2. 企业应当根据自身实际情况，按照本准则要求，合理确定列报金融工具的详细程度，既不应列报大量过于详细的信息从而掩盖了真正重要的信息，也不得列报过于汇总的信息从而难以区分各项交易或相关风险之间的重要差异。

3. 企业应当披露编制财务报表时对金融工具所采用的重要会计政策、计量基础和与理解财务报表相关的其他会计政策等信息。

【例14】 某保险公司2×14年年报对指定为以公允价值计量且其变动计入当期损益的金融资产或金融负债有关的会计政策作出如下披露：

符合以下一项或一项以上标准的金融工具（不包括为交易目的所持有的金融工具），在初始确认时，公司管理层将其指定为以公允价值计量且其变动计入当期损益的金融资产或金融负债：

（1）公司的该项指定可以消除或明显减少由于金融资产或金融负债的计量基础不同所导致的相关利得或损失在确认或计量方面不一致的情况。按照此标准，公司所指定的金融工具主要包括：

①部分长期债券及次级债务。

若干已发行的固定利率长期债券及次级债务的应付利息，已与"收固定/付浮动"利率互换的利息相匹配，并在公司利率风险管理策略正式书面文件中说明。如果这些金融负债仍以摊余成本计量，则会因为相关的衍生工具以公允价值计量且其变动计入当期损益而产生会计错配。因此，公司将这些金融负债指定为以公允价值计量且其变动计入当期损益的金融负债。

②投资连结合同项下的金融资产及金融负债。

在投资连结合同项下，公司对所购资产按照公允价值计量且其变动计入当期损益。为消除会计错配，公司按照与所购资产计量基础相一致的原则，将相关负债指定为以公允价值计量且其变动计入当期损益的金融负债。

（2）公司风险管理或投资策略的正式书面文件已载

明，该金融资产组合、该金融负债组合，或该金融资产和金融负债组合，以公允价值为基础进行管理、评价并向关键管理人员报告。

(3) 该项指定运用于某些包含一项或一项以上嵌入衍生工具的混合工具，但嵌入衍生工具对该混合工具的现金流量没有重大改变或这些嵌入衍生工具明显不应当从该混合工具中分拆的除外。公司拥有的这类金融工具包括发行的债务工具和持有的债权性质的证券等。

公司对上述金融资产或金融负债的指定，一经作出，将不会撤销。

（二）资产负债表中的列示及相关披露

本准则第四十至第五十二条对资产负债表中的列示及相关披露作出了规范，以下着重对某些要求进行说明和举例。

1. 企业将单项或一组贷款或应收款项指定为以公允价值计量且其变动计入当期损益的金融资产的，应当按本准则第四十一条披露相关信息。

【例15】 某企业持有的一组应收款项符合金融工具确认和计量准则中指定为以公允价值计量且其变动计入当期损益的条件。基于管理需要，该企业将该组应收款项指定为以公允价值计量且其变动计入当期损益的金融资产，且在管理中未使用信用衍生工具或类似工具。有关信息披露如下：

对于指定为以公允价值计量且其变动计入当期损益的应收款项：

——截至2×14年12月31日使企业面临的最大信用风险敞口为3 696万元。

——信用风险变动引起的公允价值本期变动额为10.8万元、累计变动额为35.4万元。

此外，该企业还按照本准则第四十三条的规定，披露了该组应收款项因信用风险变动引起的公允价值本期变动额和累计变动额的确定方法。

2. 企业将某项金融负债指定为以公允价值计量且其变动计入当期损益的金融负债的，应当按本准则第四十二条披露由于信用风险变动引起的公允价值本期变动额和累计变动额。企业可以从金融负债的公允价值变动金额中扣除由于市场风险因素引起的市场风险所导致的公允价值变动金额，来确定由信用风险引起的公允价值变动金额。如果计量上述市场风险的唯一变量是可观察基准利率，对于信用风险变动引起的金融负债的公允价值变动金额，企业可以按下列步骤估计：

（1）运用该金融负债的期初可观察市场价格和期初合同现金流量计算出内含报酬率。从该内含报酬率中减去期初可观察基准利率，得到与该金融负债特定相关的部分。

（2）计算出该金融负债期末合同现金流量的现值。使用的折现率为以下两者之和：①期末可观察基准利率；②根据（1）确定的内含报酬率中与该金融负债特定相关的部分。

（3）该金融负债的期末可观察市场价格与根据（2）确定的金额之间的差额，即为应披露的金额。

在运用以上方法时，假设除信用风险和利率风险之外的因素所导致的该金融负债公允价值变动金额不重大。如果该金融负债中包含嵌入衍生工具，则在上述计算过程中应扣除嵌入衍生工具的公允价值变动金额。

【例16】某公司对指定为以公允价值计量且其变动计

入当期损益的金融负债的相关信息披露如表2所示：

表2 单位：元

项目	2×14年公允价值变动额	因相关信用风险变动引起的公允价值本期变动额	因相关信用风险变动引起的公允价值累计变动额
(1) 发行的普通债券	1 236 358	835 000	1 034 610
(2) 发行的次级债券	3 693 000	2 100 000	3 000 600
合 计	4 929 358	2 935 000	4 035 210

2×14年12月31日，指定为以公允价值计量且其变动计入当期损益的金融负债的账面价值与按合同约定到期应支付债权人金额之间的差额为58 300元。

3. 金融资产和金融负债抵销的披露。

(1) 本准则第四十五条所指的“类似协议”，包括衍生工具清算协议、总回购协议、证券借贷总协议以及与财务担保物相关的任何权利等。总互抵协议或类似协议下的已确认金融工具，可能包括衍生工具、买入返售、卖出回购和证券借贷协议等。不属于第四十五条范围的金融工具包括同一机构内的贷款和客户存款（除非其在资产负债表中予以抵销）、仅作为抵押担保协议项下的金融工具等。

(2) 本准则第四十五条（一）要求披露的金额与根据第二十八条予以抵销的已确认金融工具相关，也与须遵循可执行的总互抵协议或类似协议的已确认金融工具相关（无论其是否满足抵销条件）。但是，第四十五条（一）所要求的披露与不满足第二十八条抵销条件的、因抵押担保协议而确认的任何金额无关。该类金额须按照第四十五条（四）予以披露。

(3) 本准则第四十五条（二）要求披露按本准则第二十八条规定抵销的金额。在同一安排下予以抵销的已确认金融资产和已确认金融负债的金额将同时在金融资产和金融负债抵销的披露中反映。但是，所披露的金额仅限于予以抵销的金额。例如，企业可能拥有满足第二十八条抵销条件的已确认衍生金融资产和已确认衍生金融负债。如果衍生金融资产的总额大于衍生金融负债的总额，则金融资产披露表内将同时包括衍生金融资产的总额［根据第四十五条（一）］和衍生金融负债的总额［根据第四十五条（二）］。但是金融负债披露表内将包括衍生金融负债的总额［根据第四十五条（一）］，同时仅包括相当于衍生金融负债金额的衍生金融资产金额［根据第四十五条（二）］。

（4）如果企业拥有属于本准则第四十五条所要求披露范围的工具，但该工具不满足第二十八条抵销条件，则第四十五条（三）要求披露的金额等于第四十五条（一）要求披露的金额。同时，第四十五条（三）披露的金额与资产负债表中的单列项目金额应可以勾稽对应。例如，如果企业确定将单列项目金额予以合并或分解可提供更相关的信息，则必须将披露的已合并或分解金额与资产负债表中的单列项目金额相勾稽。

（5）本准则第四十五条（四）2要求企业披露收到或抵押出的作为财务担保物的金融工具的公允价值，披露的金额应当与实际收到或抵押出的担保物相关，而非与因返还或收回此类担保物而确认的应付款项或应收款项相关。同时，在披露担保物有关金额时，企业须考虑超额担保的影响。其中，第四十五条（四）2披露的金额应当以第四十五条（三）的金额扣减第四十五条（四）1后的金额为限。如果对担保物的权利可在不同金融工具之间行使，可以将该权利相关金额纳入第四十五条（四）的披露中。

（6）企业应当披露与本准则第四十五条（四）中所述

的可执行的总互抵协议或类似协议下相关的抵销权利的信息，以及对权利性质的描述。例如，企业应当描述其附带条件的权利。对于不取决于未来事项但仍不符合本准则抵销条件的金融工具，企业应当描述其不符合抵销条件的原因。对于所有收到或抵押出的财务担保物，企业应当披露抵押担保协议的相关条款（例如担保物受到限制的情形）。

（7）根据本准则第四十五条（一）至（五）所进行的定量披露，可以分别按金融工具或交易的类型（例如，衍生工具、回购和逆回购协议或证券借贷安排）提供。企业也可以按金融工具或交易的类型提供第（一）至（三）所要求的定量披露，按交易对手方提供第（三）至（五）所要求的定量披露。如果企业按交易对手方提供要求披露的信息，则无需列明交易对手方的具体名称。为保持年度可比性，各年度内对交易对手方的指定（交易对手甲、交易对手乙、交易对手丙等）应当保持一致。企业还应当考虑提供有关交易对手方的进一步定性信息。在按交易对手方披露第（三）至（五）所要求的有关金额时，相对于所有交易对手方金额而言，单项重要的金额应当单独披露，其余单项不重要的金额可以汇总为一个单列项目披露。

（8）为满足财务报表使用者评估净额结算安排对企业财务状况现实及潜在影响的需要，除按照本准则第四十五条要求披露金融资产和金融负债抵销相关信息之外，企业还应根据总互抵协议或类似协议的条款提供其他补充信息，如抵销权的条款及其性质等信息。此外，根据本准则第四十五条披露的金融工具可能遵循不同的计量要求（例如，与回购协议相关的应付款项以摊余成本计量，而衍生工具以公允价值计量），企业应当披露与金融工具已确认金额相关的计量差异。

【例17】 金融资产和金融负债抵销的相关披露示例如下：

（1）抵销的金融资产以及遵循可执行的总互抵协议或类似协议下的金融资产的披露（表3）：

表3　　2×14年12月31日　　单位：百万元

	（一）	（二）	（三）=（一）-（二）	（四）		（五）=（三）-（四）
类型	已确认金融资产的总额	在资产负债表中抵销的已确认金融负债的总额	在资产负债表中列示的金融资产净额	可执行的总互抵协议或类似协议下不符合全部或部分抵销条件的已确认金融工具的相关金额		资产负债表中列示的净额扣除（四）中金额后的余额
				金融工具（不包括现金担保物金额）	财务担保物	
衍生工具	200	（80）	120	（80）	（30）	10
逆回购、证券借贷协议或类似协议	90	—	90	（90）	—	—
其他金融工具	—	—	—	—	—	—
合计	290	（80）	210	（170）	（30）	10

（2）抵销的金融负债以及遵循可执行的总互抵协议或类似协议下的金融负债的披露（表4）：

表4 2×14年12月31日 单位：百万元

	（一）	（二）	（三）=（一）-（二）	（四）		（五）=（三）-（四）
类型	已确认金融负债的总额	在资产负债表中抵销的已确认金融资产的总额	在资产负债表中列示的金融负债净额	可执行的总互抵协议或类似协议下不符合全部或部分抵销条件的已确认金融工具的相关金额		资产负债表中列示的净额扣除（四）中金额后的余额
				金融工具（不包括现金担保物金额）	财务担保物	
衍生工具	160	（80）	80	（80）	—	—
逆回购、证券借贷协议或类似协议	80	—	80	（80）	—	—
其他金融工具	—	—	—	—	—	—
合计	240	（80）	160	（160）	—	—

4. 企业应当设置专门的备抵账户，记录每类金融资产因信用损失发生的减值，并披露减值准备的期初余额，本期计提、转回、转销、核销及其他变动的金额和期末余额等信息。

【例18】 某商业银行在2×14年年度财务报表中对客户贷款及垫款相关减值准备作出的部分披露如下：

（1）减值准备变动情况（表5）

表5 单位：万元

	2×14年	2×13年
年初余额	53 750	208 000
本年计提	6 100	9 500
本年转出	（400）	（3 500）
本年核销	（6 300）	（58 000）
本年转回	（500）	（102 250）
因贷款和垫款折现值上升	（500）	（1 900）

续表

	2×14年	2×13年
因收回贷款和垫款	—	(100 000)
其他因素	—	(350)
年末余额	52 650	53 750

(2) 客户贷款及垫款和准备（表6、表7）

表6 2×14年12月31日 单位：万元

	组合计提减值准备的未识别减值的贷款及垫款	已识别减值的贷款及垫款		总额	已识别减值的贷款及垫款占贷款及垫款总额的百分比
		组合计提减值准备	单项计提减值准备		
贷款及垫款账面余额	2 102 600	53 000	33 000	2 188 600	3.93%
减：贷款及垫款减值准备	(19 500)	(14 100)	(19 050)	(52 650)	—
贷款及垫款账面价值	2 083 100	38 900	13 950	2 135 950	—

表7 2×13年12月31日 单位：万元

	组合计提减值准备的未识别减值的贷款及垫款	已识别减值的贷款及垫款		总额	已识别减值的贷款及垫款占贷款及垫款总额的百分比
		组合计提减值准备	单项计提减值准备		
贷款及垫款账面余额	1 902 000	52 000	33 000	1 987 000	4.28%
减：贷款及垫款减值准备	(20 020)	(13 800)	(19 930)	(53 750)	—
贷款及垫款账面价值	1 881 980	38 200	13 070	1 933 250	—

（三）利润表中的列示及相关披露

本准则第五十三条对利润表中的列示及相关披露作出了规范，有关说明和举例如下：

1. 按金融工具计量分类分别披露利得或损失，是对资产负债表披露的补充。由于金融工具按不同计量基础计量，这一披露要求有助于财务报表使用者更好地理解企业金融工具的经营成果。

2. 企业应披露的利息收入或利息费用包括：

（1）除以公允价值计量且其变动计入当期损益的金融资产或金融负债外，按实际利率法计算的金融资产或金融负债产生的利息收入或利息费用总额；

（2）已发生减值的金融资产产生的利息收入。企业应披露已减值金融资产的利息收入，且该利息收入应按为计量减值损失而将未来现金流量进行折现时所采用的利率确定。

【例19】 某银行利润表利息收入和利息费用披露格式如表8所示：

表8

利息净收入	本期发生额	上期发生额
利息收入：		
存放中央银行款项		
发放贷款和垫款		
债券投资		
拆出资金		
买入返售金融资产		
存放同业		
利息收入合计		
其中：已减值金融资产利息收入		
利息支出：		
吸收存款		
拆入资金		
卖出回购金融资产		
同业存放		
应付债券		
向中央银行借款		
其他		
利息支出合计		
利息净收入		

3. 企业应披露下列事项所产生的手续费收入或支出：

（1）除以公允价值计量且其变动计入当期损益的金融资产或金融负债外，按实际利率法计算的金融资产或金融负债产生的直接计入当期损益但在确定实际利率时未包括的手续费收入或支出；

（2）企业通过信托和其他托管活动代他人持有资产或进行投资而形成的，直接计入当期损益的手续费收入或支出。

对应上述（1）所要求的披露范围取决于企业的业务性质。例如，对于银行发放信用卡的业务，手续费可能包括信用卡的年费收入、处理借贷交易的商户服务佣金、透支手续费等。

（四）套期保值相关披露

套期活动属于企业风险管理活动，在符合套期会计应用条件的前提下，企业可以选择应用套期会计。企业应当按照《企业会计准则第24号——套期保值》的规定，对符合条件并选择应用套期会计的套期活动，分别按公允价值套期、现金流量套期及境外经营净投资套期三种类型进行会计处理，同时按照本准则第五十四至第五十六条规定进行披露，以便财务报表使用者理解企业套期关系的性质和这些套期关系对企业当期及未来期间经营成果的影响。

（五）公允价值披露

本准则第五十七至第六十条对公允价值披露作出了规范，有关说明和举例如下：

1. 公允价值与账面价值的比较

除了本准则第五十九条规定情况外，企业应当披露每一类金融资产和金融负债的公允价值，并与账面价值进行比较，无论其是否按公允价值计量。此处的披露类别应当至少与在资产负债表中列示的类别相一致。对于在资产负债表中相互抵销的金融资产和金融负债，其公允价值应当以抵销后的金额披露。

2. 金融资产或金融负债初始确认时交易价格与公允价值差异产生利得或损失的信息披露

金融资产或金融负债初始确认的公允价值与交易价格存在差异时，如果其公允价值并非基于相同资产或负债在活跃市场中的报价，也非基于仅使用可观察市场数据的估值技术，企业在初始确认金融资产或金融负债时不应确认利得或损失。在此情况下，企业应当按金融资产或金融负债的类型披露相关信息，这些信息包括：在损益中确认交易价格与初始确认的公允价值之间差额时所采用的会计政策，以反映市场参与者对资产或负债进行定价时所考虑的因素（包括时间因素）的变动；该项差异期初和期末尚未在损益中确认的金额和本期变动额；如何认定交易价格并非公允价值的最佳证据，以及确定公允价值的证据。

3. 金融工具公允价值信息披露的豁免

本准则第五十九条提供了对金融工具公允价值披露的有限豁免，包括：账面价值与公允价值差异很小的金融资产或金融负债（如短期应收、应付账款）；活跃市场中没有报价且其公允价值无法可靠计量的权益工具投资以及与该工具挂钩的衍生工具；包含相机分红特征且其公允价值无法可靠计量的合同。但是，若金融工具的公允价值无法可靠计量，企业需要披露额外信息以帮助财务报表使用者判断账面价值和公允价值之间的可能差异。在这种情况下，企业需要披露下列信息：

（1）对金融工具的描述及其账面价值，以及因公允价值无法可靠计量而未披露其公允价值的事实和说明。

（2）金融工具的相关市场信息。

（3）企业是否有意图及如何处置这些金融工具。

（4）已终止确认金融工具的事实，以及终止确认时的账面价值和形成的利得或损失。

九、与金融工具相关的风险披露

（一）定性和定量信息

1. 定性信息

本准则规定，对金融工具产生的各类风险，企业应当披露下列定性信息：（1）风险敞口及其形成原因，以及在本期发生的变化；（2）风险管理目标、政策和程序以及计量风险的方法及其在本期发生的变化。

在定量披露的基础上提供定性披露有助于财务报表使用者将相关披露联系起来，从而了解金融工具所产生风险的性质和程度的全貌。定性披露和定量披露的相互补充使企业披露的信息能够更好地帮助财务报表使用者评估企业所面临的风险敞口。

企业可以按总额和以扣除风险转移或其他分散风险交易后的净额基础进行披露。由于这些信息强调金融工具之间的关系，有助于财务报表使用者了解这些关系如何影响企业未来现金流量的性质、时间和不确定性。因此，披露这些信息是必要的。

有关企业接受、计量、管理和控制风险的政策和程序的披露包括：（1）企业风险管理职能的结构和组织形式；

(2)企业的风险报告或计量系统的范围和性质;(3)企业对风险进行套期或降低风险的政策,包括接受担保物的政策和程序;(4)企业对这种套期或降低风险的方法的持续有效性进行监控的流程;(5)企业避免风险过度集中的政策和程序。

企业应当披露定性信息与前期相比的所有变化。这些变化可能是企业面临的风险敞口改变或企业管理风险敞口的方式改变的结果。由于财务报表使用者需要了解这些变化对未来现金流量的性质、时间和不确定性的影响,因此,披露这些信息十分重要。

【例20】某集团有关金融工具风险管理定性披露的示例如下:

风险管理

本集团在日常活动中面临各种金融工具的风险,主要包括信用风险、流动性风险、市场风险(包括汇率风险、利率风险和商品价格风险)。本集团的主要金融工具包括货币资金、股权投资、债权投资、借款、应收账款、应付账款及可转换债券等。与这些金融工具相关的风险,以及本集团为降低这些风险所采取的风险管理政策如下所述:

董事会负责规划并建立本集团的风险管理架构,制定本集团的风险管理政策和相关指引并监督风险管理措施的执行情况。本集团已制定风险管理政策以识别和分析本集团所面临的风险,这些风险管理政策对特定风险进行了明确规定,涵盖了市场风险、信用风险和流动性风险管理等诸多方面。本集团定期评估市场环境及本集团经营活动的变化以决定是否对风险管理政策及系统进行更新。本集团的风险管理由风险管理委员会按照董事会批准的政策开展。风险管理委员会通过与本集团其他业务部门的紧密合作来识别、评价和规避相关风险。本集团内部审计部门就风险管理控制及程序进行定期的审核，并将审核结果上报本集团的审计委员会。

本集团通过适当的多样化投资及业务组合来分散金融工具风险，并通过制定相应的风险管理政策减少集中于任何单一行业、特定地区或特定交易对手方的风险。

信用风险

信用风险是指交易对手方未能履行合同义务而导致本集团产生财务损失的风险。本集团已采取政策只与信用良好的交易对手方合作并在有必要时获取足够的抵押品，以此缓解因交易对手方未能履行合同义务而产生财务损失的风险。本集团只与被评定为等同于投资级别或以上的主体进行交易。评级信息由独立评级机构提供，如不能获得此类信息，本集团将利用其他可公开获得的财务信息及自身的交易记录对主要顾客进行评级。本集团持续监控所面临的风险敞口及众多交易对手方的信用评级。信用风险敞口通过对交易对手方设定额度加以控制，且每年经由风险管理委员会复核和审批。

应收账款的债务人为大量分布于不同行业和地区的客户。本集团持续对应收账款的财务状况实施信用评估，并在适当时购买信用担保保险。货币资金和衍生金融工具的信用风险是有限的，因为交易对手方是声誉良好并拥有较高信用评级的银行。

流动性风险

流动性风险是指本集团在履行以交付现金或其他金融资产结算的义务时遇到资金短缺的风险。本集团下属成员企业各自负责其现金流量预测。集团下属财务公司基于各成员企业的现金流量预测结果，在集团层面监控长短期资金需求。本集团通过在大型银行业金融机构设立的资金池计划统筹调度集团内的盈余资金，并确保各成员企业拥有充裕的现金储备以履行到期结算的付款义务。此外，本集团与主要业务往来银行订立融资额度授信协议，从而为本集团履行与商业票据相关的义务提供支持。

汇率风险

本集团以人民币编制合并财务报表并以多种外币开展业务，因此面临由于汇率波动而产生的汇率风险，该风险对本集团的交易及境外经营的业绩和净资产的折算均构成影响。若采用套期会计，本集团将记录相关套期活动并在持续基础上评估套期有效性。

- 对于境外经营净投资，本集团通过指定持有的外币净借款并使用外币互换及远期合同对境外经营因美元汇率波动而面临的大部分风险敞口进行套期。
- 对于本集团外汇交易形成的外汇风险净敞口，本集团的套期政策是寻求对预期交易的外汇风险进行80%~100%的套期（以24个月期限的远期合同为限）。
- 对于外币债务，本集团使用交叉货币利率互换对外币借款相关的汇率风险进行套期。

本集团预期设定的套期持续有效，因此预计套期无效性不会对利润表构成重大影响。

利率风险

本集团的利率风险敞口主要源自人民币、美元、欧元和英镑的利率波动。为了对利率风险进行管理，本集团于董事会批准限额范围内通过使用利率衍生工具管理付息负债的固定利率及浮动利率敞口的比例。这些风险管理的措施有助于减少本集团财务业绩的波动程度。为了便于业务操作及运用套期会计，本集团的政策旨在将固定利率借款占预计净借款的比例维持在40%～60%之间并根据其存续期内的指标管理整体净借贷组合。本集团大部分现有利率衍生工具均被指定为套期工具且预计该类套期是有效的。

商品价格风险

本集团使用商品期货合同对特定商品的价格风险进行套期。所有商品期货合同均对预期在未来发生的原材料采购进行套期。资产负债表中的商品期货合同以公允价值计量。套期工具的公允价值变动中的有效套期部分计入其他综合收益且在相关被套期交易影响损益的当期计入利润表。

2. 定量信息

对金融工具产生的各类风险，企业应当按类别披露期末风险敞口的汇总数据。该数据应当以向内部关键管理人员提供的相关信息为基础。企业运用多种方法管理风险的，披露的信息应当以最相关和可靠的方法为基础。根据《企业会计准则第36号——关联方披露》，关键管理人员是指有权力并负责计划、指挥和控制企业活动的人员。

除上述所要求的基于向关键管理人员提供的信息的披露外，本准则还要求企业按照本准则的具体要求披露有关信用风险、流动性风险和市场风险的信息。

企业还应当披露期末风险集中度信息。风险集中度来自具有相似特征并且受相似经济或其他条件变化影响的金融工具。识别风险集中度需要运用判断并应考虑企业的具体情况。风险集中度的披露可能包括：（1）管理层确定风险集中度的说明；（2）管理层确定风险集中度的参考因素（包括交易对手方的信用评级、地理区域、货币种类、市场类型和所处的行业以及诸如流动性和市场风险等其他风险）；（3）各风险集中度相关的风险敞口金额。

【例21】某公司有关金融工具风险集中度定量披露的示例如下：

不同行业及地区经济发展的不均衡以及经济周期的不同使得相关行业和地区的信用风险亦不相同。某一行业或地区的授信客户因共同具备某些经济特征，故信用风险可能会相应提高。本公司主要通过客户授信环节的额度控制来统筹管理贷款和垫款的行业及地区信用风险集中度。

（1）发放贷款和垫款按行业类别分布情况如表9所示：

表9 单位：百万元

行业类别	2×14年12月31日	2×13年12月31日
制造业	21 320	19 275
批发及零售业	15 943	16 237
房地产业	10 692	12 838
交通运输业	8 253	7 735
服务业	5 217	8 269
建筑业	4 927	3 184
金融业	4 356	5 769
公共事业	2 148	2 582
个人	8 629	8 237
合计	81 485	84 126

（2）发放贷款和垫款按地区分布情况如表10所示：

表10 单位：百万元

地区分布	2×14年12月31日	2×13年12月31日
中国大陆	65 743	67 298
港澳台地区	5 673	6 245
北美	4 239	3 853
欧洲	3 267	2 941
其他国家和地区	2 563	3 789
合计	81 485	84 126

（二）信用风险披露

信用风险，是指金融工具的一方不履行义务，造成另一方发生财务损失的风险。

1. 最大信用风险敞口的披露

对于每一类别的金融工具，在不考虑可利用的担保物或其他信用增级的情况下，企业应当披露在资产负债表日的最大信用风险敞口的金额。金融工具的账面价值能代表最大信用风险敞口的，无需提供此项披露。最大信用风险敞口的来源也包括企业未在资产负债表中确认的金融工具的信用风险敞口。

产生信用风险的交易，以及相应的最大信用风险敞口的某些情况示例如下：

（1）向客户提供信用或在其他机构中存放款项，其最大信用风险敞口为相关金融资产的账面价值。

（2）签订衍生工具合同，例如外汇远期、利率互换以及信用衍生工具。对于以公允价值计量的衍生工具，企业在资产负债表日面临的最大信用风险敞口等于其账面价值。

（3）提供财务担保。已提供财务担保的最大信用风险敞口等于须履行担保时企业必须支付的最大金额（无论履行担保的可能性如何）。该金额可能显著大于已作为负债确认的金额。

（4）对于在融资额度提供期内不可撤销的或只有当重大不利变化出现时才可撤销的贷款承诺，如果该贷款承诺不能以现金或其他金融资产进行净额结算，则其最大信用风险敞口是承诺的全部金额。这是因为任何未支取的金额在未来是否支取具有不确定性。因此，贷款承诺的最大信用风险敞口金额可能显著大于已作为负债确认的金额。

【例22】 某集团有关金融工具信用风险和最大信用风险敞口的披露示例如下：

信用风险

信用风险是指因交易对手方或债务人未能履行其全部或部分付款义务而造成本集团发生损失的风险。信用风险包括诸如由于整体宏观经济陷入衰退而导致损失的风险。本集团信贷业务主要向各类客户提供贷款、承兑、担保及其他信贷产品，并因此承担信用风险。信用风险是本集团业务经营所面临的重大风险之一。

董事会对本集团的信用风险管理承担最终责任。董事会负责审议及批准信用风险管理政策，授权风险管理委员会对信用风险管理实施的有效性进行日常监督；审议和批准风险管理委员会提交的信用风险评估报告并对集团信用风险状况作出评价。经董事会授权，风险管理委员会履行信用风险管理的日常监督职能，定期召开会议以审阅分析本集团的信贷质量、风险集中度和压力测试等议题，并按季度向董事会报送信用风险评估报告。

信用风险敞口

本集团的信用风险敞口包括涉及信用风险的资产负债表表内项目和表外项目。在资产负债表日，本集团金融资产的账面价值已代表最大信用风险敞口。资产负债表表外的最大信用风险敞口情况如表11所示（不考虑可利用的担保物或其他信用增级）：

表11 单位：百万元

资产负债表表外项目	2×14年12月31日	2×13年12月31日
担保	5 347	6 053
不可撤销的贷款承诺	9 988	10 068
其他信用承诺	2 766	2 919
合计	18 101	19 040

【例23】某公司是一家拥有庞大客户群的上市零售企业。客户按照公司的标准信用条款购买商品，公司同时向某些主要客户购买商品。有关其应收款项最大信用风险敞口的披露如表12所示：

表12 单位：元

	2×14年12月31日	2×13年12月31日
应收款项账面余额	365 500	323 700
坏账准备	(14 620)	(12 948)
账面价值	350 880	310 752
应付客户的金额	(75 500)	(62 250)

本公司与客户订立协议，只有在客户发生拖欠的情况下，应付客户的金额才可以与应收客户的金额进行抵销。因此，本公司在每一资产负债表日面临的最大信用风险敞口为应向客户收取的总金额减去坏账准备后的金额。由于应付款项在资产负债表内不可抵销，因此该最大信用风险敞口中未包含应付客户的金额。

2. 可利用担保物或其他信用增级的信息披露

本准则第六十四条（二）要求对可利用担保物或其他信用增级的信息进行披露。可通过披露下列各项来满足本要求：

（1）对担保物和取得的其他信用增级进行估值和管理的政策和程序；

（2）对担保物和其他信用增级的主要类型的描述（其他信用增级的例子如担保、信用衍生工具和根据本准则不符合抵销条件的净额结算协议）；

（3）担保物和其他信用增级的交易对手方的主要类型及其信誉；

（4）关于担保物和其他信用增级的风险集中信息。

本准则同时要求企业披露可利用担保物或其他信用增级对最能代表最大信用风险敞口金额的财务影响（例如，关于担保物和其他信用增级对信用风险缓释程度的量化信息）。

【例24】 某集团有关可利用担保物或其他信用增级信息的披露示例如下：

本集团通过一系列信用增级措施降低信用风险。本集团通常要求借款人交付保证金、提供抵质押物或担保以将信用风险敞口降至可接受水平。本集团在发现相关的贷款存在减值迹象时，一般会要求借款人提供额外担保。本集团制定了授信业务担保物管理办法，由风险管理委员会确定合格担保物的种类、范围以及贷款成数。本集团根据借款人的信用风险评估决定所需的担保物金额及类型。

房地产和可流通转让的金融资产（股票或债券）是本集团主要的担保物类型。本集团专门制定估价模型对最主要的几类担保物进行估值，计算方法为市场价值扣除折价因素。折价代表本集团需要处置担保物时相关费用的保守估计。处置费用包括资产待售期间的维护费用、外部咨询服务费、拍卖费用、交易税费及任何价值损失。房地产的折价取决于不动产的类型、状况、位置及其他条件，通常在房产市场价值的××%到××%之间。上市证券的折价采用基于如价格波动性和可销售性等变量的内部模型计算。对于不存在估值模型的担保物，本集团将定期委托具备相应资质的外部评估机构单独评估并计算其价值。

2×14年12月31日，相关信息披露如表13所示：

表 13 单位：百万元

项目	个人客户	机构客户	总额
抵押贷款信用风险敞口	3 028	8 005	11 033
担保物价值	2 959	7 854	10 813
房地产	1 624	3 867	5 491
银行存单	326	965	1 291
股票及债券	180	371	551
交通工具	820	105	925
机器设备	9	2 546	2 555

注：上表中所汇总的各项担保物价值金额，以其所担保的每一金融资产的信用风险敞口为限。

3. 未逾期且未减值的金融资产信用质量信息的披露

本准则第六十四条（三）要求企业披露未逾期且未减值的金融资产的信用质量信息。如果合同到期而债务人能够按时支付合同款项（利息或本金），则金融资产并未逾期；如果不存在发生减值的客观证据，则金融资产并未发生减值。

为符合本准则披露要求，企业需要考虑提供如下信息：(1) 使用外部或内部的信用评级系统所进行的信用风险敞口分析；(2) 交易对手方的性质；(3) 关于交易对手方违约率的历史信息；(4) 用于评估信用质量的其他信息。

当企业为管理和监控信用质量而使用外部评级时，需要考虑披露以下信息：(1) 每个外部信用级别的信用风险敞口金额；(2) 所使用的评级机构；(3) 企业已评级和未评级的信用风险敞口金额；(4) 内部和外部评级之间的关系。

当企业为管理和监控信用质量而使用内部评级时，需要考虑披露以下信息：(1) 内部信用评级的流程；(2) 每个内部信用级别的信用风险敞口金额；(3) 内部和外部评级之间的关系。

【例25】某商业银行发放贷款和垫款金额按逾期及减值情况的披露如表14所示：

表14　　2×14年12月31日　　单位：百万元

发放贷款和垫款	住房按揭贷款	非房产类中小企业贷款	房地产开发贷款	个人消费贷款	总额
未逾期且未减值	55 575	26 926	16 938	3 119	102 558
已逾期但未减值	3 614	490	1 579	209	5 892
已减值	1 077	3 657	5 877	371	10 982
合计	60 266	31 073	24 394	3 699	119 432

4. 已逾期或已减值的金融资产信用质量信息的披露

本准则要求企业按类披露在资产负债表日已逾期或已减值的金融资产的下列信息：（1）已逾期未减值的金融资产的账龄分析；（2）已发生单项减值的金融资产的分析，包括判断该金融资产发生减值所考虑的因素。

【例26】某公司有关已逾期未减值应收款项账龄分析的披露如表15所示：

表15　　2014年12月31日　　单位：百万元

应收款项项目	应收款项账面余额总额	按逾期账龄划分的已逾期未减值应收款项账面余额					
		少于30天	31～60天	61～90天	91～120天	超过120天	合计
应收账款	7 862	548	75	42	24	96	785
其他应收款及其他资产	2 019	—	—	—	1	2	3
合计	9 881	548	75	42	25	98	788

如果交易对手方未能按合同约定到期支付款项，则金融资产逾期。例如，某企业在银行间市场发行短期票据等融资工具，合同规定企业每月最后一个工作日支付当月利息，到期一次偿付本金。如果某月企业未能支付利息，则

持有该票据的交易对手方应自下月1日起将其视为已逾期。金融资产的逾期可能引发合同的重新议定、触发违约条款或导致法律诉讼等各种行动。在进行这些披露时，应当根据已重新商定的新合同条款和条件确定金融资产是否逾期。

需要注意的是，"已逾期"和"已减值"之间存在差别。当合同到期而未进行支付时，金融资产被视为"已逾期"，但这并不一定等同于已减值。

对于已减值金融资产的披露应当包括对已发生单项减值的金融资产的分析。这些分析包括判断该金融资产发生减值所考虑的因素。这些因素包括：扣减减值损失之前的账面金额、相关减值损失的金额，以及可利用的担保物和已取得的其他信用增级的性质和公允价值等。

5. 取得担保物或其他信用增级所确认的金融资产或非金融资产信息的披露

企业通过占有担保物或要求其他信用增级（如财务担保合同）而取得的金融资产或非金融资产，应在资产负债表日按照金融工具确认和计量准则或其他准则的要求予以确认，同时应当披露这些所确认资产的性质和账面价值。对于不易变现的资产，企业应当披露处置或拟将其用于日常经营的政策等。

（三）流动性风险披露

流动性风险，是指企业在履行以交付现金或其他金融资产的方式结算的义务时发生资金短缺的风险。

1. 到期期限分析

（1）总体要求。

本准则要求，企业应当披露金融负债按剩余到期期限进行的到期期限分析，以及管理这些金融负债流动性风险的方法：①对于非衍生金融负债（包括财务担保合同），到期期限分析应当基于合同剩余到期期限。对于包含嵌入衍生工具的混合金融工具，应当将其整体视为非衍生金融负债进行披露；②对于衍生金融负债，如果合同到期期限是理解现金流量时间分布的关键因素，到期期限分析应当基于合同剩余到期期限。例如，对浮动利率金融资产或金额负债进行的一项现金流量套期中作为套期工具的剩余期限为5年的利率互换，以及贷款承诺。

对于包含嵌入衍生工具的混合金融工具，尽管在会计处理时，应当按照金融工具确认和计量准则确定是否需要将嵌入衍生工具进行分拆。但在披露上述到期期限分析时，应当将包含嵌入衍生工具的混合金融工具整体视为非衍生金融负债进行披露。

如果有关衍生金融负债合同到期日的信息对了解现金流量的时间分布并非至关重要，则无需披露其合同到期期限分析。例如，企业经常买卖衍生工具（如金融机构交易账户内的衍生金融负债），反映合同的到期日可能对了解现金流量的时间分布并非至关重要，因为衍生金融负债可能被转让，而不是在合同到期时通过支付或收取工具规定的合同现金流量结算。在这种情况下，企业仍须提供衍生金融负债的到期期限分析，但该分析可按另外的基础列报。例如，可以基于预计的到期日、或者基于企业预计将在资产负债表日后的短时间内进行处置时从而需要支付的账面金额（即公允价值），或者基于其在资产负债表日的公允价值列报。

（2）时间段的确定。

企业在披露到期期限分析时，应当运用职业判断确定适当的时间段。企业可以但不限于按下列时间段进行到期期限分析：①一个月以内（含本数，下同）；②一个月至三个月以内；③三个月至一年以内；④一年至五年以内；⑤五年以上。

由于定量披露应基于企业向关键管理人员提供的信息，因此所披露的时间段应与内部报告的时间段相一致。某些企业可能需要采用比其他企业更多的时间段。在任何情况下，企业均应通过考虑其流动性需求的相应时间，来评价流动性分析是否提供了有关流动性需求的充分披露。例如，企业可能有在一个月之内到期的重大支付义务，在这种情况下，将第一年内所有支付义务归总至同一个时间段并不恰当。

债权人可以选择收回债权时间的，债务人应当将相应的金融负债列入债权人可以要求收回债权的最早时间段内。例如，对于银行来说，活期存款应包括在存款持有方可要求银行进行偿付的最早时间段内。对于期权来说，持有方可随时行使的美式签出期权应在持有方可行使该期权的最早时间段内披露，而持有方仅在到期日才可行使的欧式期权则应归入到期日所在的时间段内。当交易对手方对何时支付具有选择权时，流动性披露应当基于对企业来说“最坏”的情况，即交易对手方可要求企业进行偿付的最早日期。

债务人应付债务金额不固定的，应当根据资产负债表日的情况确定到期期限分析所披露的金额。如分期付款的，债务人应当把每期将支付的款项列入相应的最早时间段内。又如，未使用的贷款承诺应归入可被要求支取的最早日期的时间段内。如果一项贷款承诺可随时由持有方使用，则应归入可使用该承诺的最早期间。适用于贷款承诺的处理方法同样适用于财务担保合同。对于财务担保合同形成的金融负债，担保人应当将最大担保金额列入相关方可以要求支付的最早时间段内。

如果企业发行被分类为金融负债的永续债务，企业应当考虑如何将期限为永续的现金流量纳入到期期限分析。企业还应当通过额外披露说明在永续工具下负有永续支付利息现金流量的义务，并对该永续工具的关键条款（如利率和名义金额）进行描述，以便于财务报表使用者更好地了解企业的流动性风险敞口。

（3）披露金额的确定。

企业在披露金融负债到期期限分析时，应将按照本准则要求所披露的金额列入各时间段。列入各时间段内的金融负债金额，应当是未经折现的合同现金流量。例如，扣除融资费用前的融资租赁负债总额、通过支付现金方式购买金融资产的远期协议中约定的价格、“付浮动—收固定”且以净现金结算的利率互换形成的净额、预付以总现金流量结算的衍生金融工具合同金额（如货币互换）、贷款承诺总额等。这些未折现的现金流量可能不同于资产负债表所列示的金额。

当应付金额不固定时，应当根据资产负债表日存在的情况确定披露的金额。如果应付金额随着指数的变化而变化，披露的金额可基于资产负债表日指数的水平来确定。

【例27】某公司有关金融负债和表外担保项目按资产负债表日的合同剩余期限列示的应付现金流量如表16所示。表中披露的金融负债金额为未经折现的合同现金流量，因而可能与资产负债表中的账面金额有所不同。

表16　　2014年12月31日　　单位：百万元

项目	未经折现的合同现金流量						
	即时偿还	1个月以内	1～3个月	3个月～1年	1～5年	超过5年	总额
非衍生金融负债：							
应付票据	4 513	792	474	122	9	—	5 910
借款	5 055	2 352	3 961	1 982	2 111	279	15 740
应付债券	—	—	271	646	2 153	395	3 465
非衍生金融负债小计	9 568	3 144	4 706	2 750	4 273	674	25 115
衍生金融负债	—	164	276	481	586	216	1 723
担保	—	99	66	250	75	22	512
金融负债和或有负债合计	9 568	3 407	5 048	3 481	4 934	912	27 350

注：本公司持有的衍生工具均按净额结算。

2. 流动性风险管理

本准则并不要求企业在所有情况下披露金融资产的到期期限分析。有关到期期限分析披露的最低要求仅适用于金融负债。但是，当企业将所持有的金融资产作为流动性风险管理的一部分（例如，根据企业的流动性需求持有一部分金融资产，这部分金融资产易于出售变现，以满足企业偿付金融负债现金流出的需求），且披露金融资产的到期期限分析使财务报表使用者能够恰当地评估企业流动性风险的性质和范围时，企业应当披露金融资产的到期期限分析。

企业在披露如何管理流动性风险时，也应披露可能考虑的其他因素。这些因素包括但不限于以下方面：企业是否拥有已承诺的货款额度或其他授信额度；是否在中央银行有存款以备流动性之需；是否有多样化的资金来源；是否有资产或筹资来源方面的重大流动性集中情况；是否就管理流动性风险建立了内部控制程序和应急方案；是否有包含加速偿还（如在企业信用评级下降时）条款的工具；是否有协议约定必要时追加担保物（如为衍生交易追加保证金）；是否有协议约定允许企业选择以交付现金、其他金融资产或其自身权益工具来结算负债；是否约定交易结算遵循“总互抵协议”等。

（四）市场风险披露

金融工具的市场风险，是指金融工具的公允价值或未来现金流量因市场价格变动而发生波动的风险，包括汇率风险、利率风险和其他价格风险。

汇率风险，是指金融工具的公允价值或未来现金流量因外汇汇率变动而发生波动的风险。汇率风险可源于以记账本位币之外的外币进行计价的金融工具。

利率风险，是指金融工具的公允价值或未来现金流量因市场利率变动而发生波动的风险。利率风险可源于已确认的计息金融工具和未确认的金融工具（如某些贷款承诺）。

其他价格风险，是指汇率风险和利率风险以外的市场价格变动而发生波动的风险，无论这些变动是由与单项金融工具或其发行方有关的因素引起的，还是由与市场内交易的所有类似金融工具有关的因素引起的。其他价格风险可源于商品价格、特定股票市场指数、权益工具价格以及其他风险变量的变化。

编制市场风险敏感性分析的披露信息可以遵循下列步骤：

1. 识别风险敞口

需要识别企业面临的所有市场风险，包括汇率风险、利率风险和其他价格风险。

2. 识别资产负债表日的风险敞口及其影响

本准则要求识别在资产负债表日其公允价值或现金流量受风险因素变化影响的所有金融工具。对于在资产负债表日已确认的金融工具，如果其现金流量根据合同规定与某一变量相连结，或者其公允价值取决于某一变量，且该变量的变化会影响损益或所有者权益的，企业应将该已确认金融工具纳入敏感性分析。

某些金融工具既不影响损益也不影响所有者权益。例如，以企业记账本位币计价、以摊余成本计量且不包含须与主合同分离的任何嵌入衍生工具的固定利率债务工具，该工具相关利率或汇率的变动均不会影响损益或所有者权益。又如，根据本准则的规定分类为权益工具的金融工具不再重新计量，既不会影响损益也不会影响所有者权益。这些金融工具无需纳入敏感性分析。

3. 确定相关风险变量的合理可能变动

企业需要确定何为相关风险变量的合理可能变动，并且应考虑企业经营所处的经济环境以及进行评估的时间段。在某一环境下相关风险变量的合理可能变动可能不同于在另一环境下的变动（例如，以人民币计价债务的利率的合理可能变动可能是25个基点或50个基点，但是以美元计价债务的情况则可能不同，其合理可能变动并非25个基点或50个基点）。企业须判断合理可能变动的范围，且合理可能变动不应包括罕见的“最坏的情况”或“压力测试”。对于相关风险变量的合理可能变动，企业应以本次披露至下一次披露（通常是下一个年度资产负债表日）的期间为时间框架进行评估。

由于合理可能变动的范围较广，因此企业无须披露该范围内的每一变动，仅披露在合理可能变动范围上下限内的变动的影响即可。

4. 确定披露中的适当汇总水平

企业应汇总敏感性分析的结果以在更大程度上反映企业对市场风险的整体敏感性，而不应汇总来自重大不同经济环境的风险敞口的不同特征的信息。例如，对面临恶性通货膨胀地区和低通货膨胀地区的市场风险敞口，企业应当分地区进行敏感性分析。对具有重大汇率风险敞口的每一种货币，应当分币种进行敏感性分析。

企业应当提供企业整个业务的敏感性分析，但是对不同类型的金融工具应当提供不同类型的敏感性分析。例如，企业可以分别按照为交易而持有和不为交易而持有的金融工具进行敏感性分析。

企业可以根据内部管理风险的方式对业务的不同部分提供不同类型的敏感性分析。例如，一家金融机构可能包括零售银行分部和投资银行分部，并在投资银行分部使用风险价值分析（VaR）进行内部风险管理。企业可以选择对零售银行分部提供传统敏感性分析，对投资银行分部提供风险价值分析。但是，在这种情况下，企业需要审慎考虑如何处理这两个分部之间的交易和风险敞口，以避免披露产生误导。

5. 计算和列报敏感性分析

企业应披露，假设相关风险变量的合理可能变动应用于资产负债表日的风险敞口时，这些变动对损益和所有者权益的影响。企业无须确定在相关风险变量不同的假设情况下对当期损益和所有者权益的影响金额。但是，企业应当就资产负债表日存在的风险敞口，披露如果相关风险变量在该日发生了合理可能变动而对损益和所有者权益的影响。例如，如果年末企业有一项浮动利率债务，企业应当假定利率在合理可能的范围内变动，并披露其对当期损益（即利息费用）的影响。

企业可以对损益以及所有者权益中的不同项目分别披露敏感性分析。企业也可针对对其具有重大利率风险敞口的每种货币分别披露利率风险的敏感性分析。损益的敏感性分析应与所有者权益的敏感性分析分开披露。

6. 提供额外的披露

本准则第七十四条规定，按照第七十二条或第七十三条对敏感性分析的披露不能反映金融工具市场风险的（例如，期末的风险敞口不能反映当期的风险状况），企业应当披露这一事实及其原因。

可能发生这种情况的例子包括：

（1）金融工具包含了其影响不能由敏感性分析明显反映出来的条款和条件（如对于所选风险变量变动而言的深度价外或价内期权）。在这种情况下，额外的披露可能包括金融工具的条款和条件、期权被行权后对损益的影响以及企业如何对风险进行管理。

（2）金融资产的流动性低，在交易量少或缺少交易对手方的情况下，所计算的损益变动很难实现。在这种情况下，额外的披露可能包括金融资产缺乏流动性的原因以及企业如何对风险进行管理。

（3）企业对某项资产持有量大，可按照市场报价的折价或溢价进行出售。在这种情况下，额外的披露可能包括证券的性质、持有比例、对损益的影响以及企业如何对风险进行管理。

【例28】甲公司为一家投资公司，财务业绩面临权益投资价格变动的风险。在资产负债表日，甲公司预期价格风险变量的合理可能变动为上涨或下跌8%。假定所得税税率为25%。截至2×14年12月31日，甲公司税后利润为人民币275 000万元，所有者权益为人民币100 000万元。在资产负债表日，甲公司拥有以下金融工具：

(1) 归类为以公允价值计量且其变动计入当期损益的金融资产的上市公司股票，账面价值为人民币50 000万元。

(2) 归类为可供出售金融资产的上市公司股票，账面价值为人民币20 000万元。

甲公司对于市场风险敏感性分析的计算如下：

如果权益投资价格上涨或下跌8%：

第（1）项，归类为以公允价值计量且其变动计入当期损益的金融资产的上市公司股票将引起损益变动的金额为增加或减少4 000万元（50 000×8%）。

第（2）项，归类为可供出售金融资产的上市公司股票将引起其他综合收益变动的金额为增加或减少1 600万元(20 000×8%)。

上市公司股票价格变动引起的损益变动的税后总额为增加或减少3 000万元［4 000×（1－25%)］。

上市公司股票价格变动引起的其他综合收益变动的税后总额为增加或减少1 200万元［1 600×（1－25%)］。

甲公司据此所作的相关披露如下（本例中未包含比较财务信息)：

本公司采用敏感性分析方法评估所持有的金融工具在所有相关市场风险变量的假定变化下的公允价值和现金流量的变动。敏感性分析所得出的结果是假设在特定市场状况下对市场风险的前瞻性预测。鉴于金融市场所固有的不确定性，未来实际结果可能与这些推测的结果存在差异。本公司所采用的方法和假设与以往报告期间相同。

表17为2×14年12月31日按税后基础列示的相关风

险变量变动引起的损益和所有者权益的变动。上市公司股票价格变动引起的公允价值的预计变动基于资产负债表日权益价格立即上涨或下跌8%而所有其他变量保持不变而确定。

表17　　单位：万元

市场风险敞口	损益变动	其他综合收益变动	所有者权益合计变动
上市公司股票价格上涨	3 000	1 200	4 200
上市公司股票价格下跌	-3 000	-1 200	-4 200

上例敏感性分析仅供理解本准则使用。在实务中，企业可能面临多种风险变量，而各类风险变量是相互关联、相互作用的，极少发生孤立变动。

十、金融资产转移的披露

（一）披露范围

本准则中有关金融资产转移的披露中涉及的“金融资产转移”和“继续涉入”的概念不同于《企业会计准则第23号——金融资产转移》（以下简称“金融资产转移准则”）中的概念。

本准则所述的“金融资产转移”包含两种情形：(1)将收取金融资产现金流量的合同权利转移给另一方；(2)将金融资产整体或部分转移给另一方，但保留收取金融资产现金流量的合同权利，并承担将收取的现金流量支付给一个或多个收款方的合同义务，这种情形通常被称为“过手协议”。金融资产转移准则第四条中定义的“金融资产转移”也包含两种情形，第一种情形与本准则中的要求一致，但是对于第二种情形，还要求该“过手协议”若作为金融资产转移处理，必须同时满足三个条件。所以，对于未满足三个条件的“过手协议”，尽管不是金融资产转移准则定义的“金融资产转移”，但属于本准则定义的“金融资产转移”，需进行相应的披露。

本准则所述的“继续涉入”，是指企业保留了已转移金融资产中内在的合同权利或义务，或者取得了与已转移金融资产相关的新合同权利或义务。常规声明和保证、以公允价值回购已转移金融资产的合同，以及同时满足金融资产转移准则中三个条件的“过手协议”不构成继续涉入。常规声明和保证是指企业为避免转让无效而作出的陈述，包括转移的真实性以及合理、诚信和公平交易等原则方面的陈述。例如，企业在合同中承诺：其是依法成立并有效存续的法律实体，具有签署和履行转让协议下义务所需的完全的权利和授权；向资产接收方提供的资料、单据及信息是有效、真实、准确且完整的，没有遗漏任何重要信息。而在金融资产转移准则中，对于既没有转移也没有保留金融资产所有权上几乎所有的风险和报酬，但未放弃对该金融资产控制的，企业按照其继续涉入所转移金融资产的程度确认有关金融资产。

本准则所述的“继续涉入”是以企业自身财务报告为基础进行考虑的。例如，子公司向非关联的第三方转让一项金融资产，而其母公司对该金融资产存在继续涉入，则子公司在自身财务报表中确定是否继续涉入已转移金融资产时，不应当考虑母公司的涉入；母公司在合并财务报表中确定是否继续涉入已转移金融资产时，应当考虑自身以及集团其他成员对子公司已转移金融资产的继续涉入情况。“继续涉入”可能是源自于转出方与转入方签订的转让协议，也可能是源于与第三方单独签订的与转让相关的协议。但是，如果企业对已转移金融资产的未来业绩不享有任何利益，也不承担与已转移金融资产相关的任何未来支付义务，则不形成继续涉入。企业，尤其是金融机构，在金融资产转移中，往往还会就被转移金融资产提供相应的服务，收取一定的服务费。在这种情况下，企业应当分析该服务合同是否构成本准则定义的继续涉入，并遵循相应的披露要求。

（二）已转移但未整体终止确认的金融资产的披露

本准则第七十八条对已转移但未整体终止确认的金融资产的披露要求进行了规范。无论金融资产转移何时发生，该披露要求适用于在资产负债表日企业继续确认已转移金融资产的情况。其中，关于（四）和（五）的披露要求，企业可以参考以下披露表格（表18）：

表18

	以公允价值计量且其变动计入当期损益的金融资产		贷款和应收款项		可供出售金融资产
	交易性金融资产	衍生工具	抵押贷款	消费贷款	权益投资
已转移金融资产的账面金额	×	×	×	×	×
相关负债的账面金额	（×）	（×）	（×）	（×）	（×）
仅对已转移资产有追索权的相关负债：					
已转移金融资产的公允价值	×	×	×	×	×
相关负债的公允价值	（×）	（×）	（×）	（×）	（×）
净头寸	×	×	×	×	×

无论是金融资产整体转移，还是金融资产部分转移，只要不满足终止确认的条件，均应按照以上要求进行披露。金融资产部分转移是指金融资产转移准则中第六条所规范的情形。例如，企业只转移了一项金融资产所产生现金流量的40%部分，则企业应该针对该40%部分的金融资产按照金融资产转移准则判断是否满足终止确认的条件。假设该40%部分的金融资产不满足终止确认的条件，因而未全部终止确认该部分金融资产，那么在这种情况下，这40%部分的金融资产需要按照本准则对于已转移但未整体终止确认的金融资产的披露要求进行相应的披露。如果该40%部分的金融资产满足终止确认的条件，可以被终止确认，则这40%部分的金融资产不需要按照本准则对于已转移但未整体终止确认的金融资产的披露要求进行相应的披露，但是要考虑企业是否继续涉入该部分已转移金融资产，并按照本准则对于已整体终止确认但转出方继续涉入已转移金融资产的披露要求进行披露。对于剩余的60%部分的金融资产，无论是在以上哪种假设情况下，都不涉及金融资产的转移，因而也无需按照本准则进行披露。

（三）已整体终止确认但转出方继续涉入已转移金融资产的披露

在很多情况下，如果企业对于已转移的金融资产仍然继续涉入，那么可能会意味着该金融资产转移不满足终止确认的条件，但是也存在尽管企业继续涉入已转移的金融资产，但是该金融资产仍满足整体终止确认条件的情况。例如，附带转入方持有重大价外看跌期权（或转出方持有重大价外看涨期权）的金融资产出售，由于期权为重大价外期权，致使到期时或到期前行权的可能性极小，可以认定企业已经转移了该项金融资产所有权上几乎所有的风险和报酬，应当终止确认这一金融资产，但是由于期权的存在形成了企业对该金融资产的继续涉入。针对这一情况，在每个资产负债表日，企业应按照类别披露相关信息。各披露类别应当按照企业继续涉入面临的风险敞口类型进行划分。例如，企业可以按照金融工具类别，如担保或看涨期权等进行分类；也可以按照转让类型，如应收账款保理、资产证券化、融券业务等进行分类。企业对某项终止确认的金融资产存在多种继续涉入方式的，可按其中一类进行汇总披露。

本准则第七十九条对整体终止确认但转出方继续涉入已转移金融资产的披露要求进行了规范。其中，有关（一）至（三）的披露要求，企业可以参考以下披露表格（表19、表20）：

表19

继续涉入的类型	回购已转移（已终止确认）资产需要支付的现金流量	因继续涉入确认的资产和负债的账面价值			因继续涉入确认的资产和负债的公允价值		损失的最大风险敞口
		以公允价值计量且其变动计入当期损益的金融资产	可供出售金融资产	以公允价值计量且其变动计入当期损益的金融负债	资产	负债	
签出的看跌期权	（×）			（×）		（×）	×
购入的看涨期权	（×）	×			×		×
融券业务	（×）			（×）	×	（×）	×
……							
合计		×		（×）	×	（×）	×

表 20

回购已转移金融资产需要支付的未折现现金流量								
继续涉入的类型	继续涉入的到期期限							
	合计	1个月之内	1~3个月	3~6个月	6个月~1年	1~3年	3~5年	大于5年
签出的看跌期权	×		×	×	×	×		
购入的看涨期权	×			×	×	×		×
融券业务	×	×	×					

企业按照本准则第七十九条（三）披露到期期限时，应当合理确定适当数量的时间段。

企业按照本准则第七十九条（五）披露与企业继续涉入金融资产相关的终止确认利得或损失时，应当披露产生终止确认利得或损失的原因是否由于前期已确认的资产各组成部分（在已终止确认资产中的利益和企业保留的利益）的公允价值和前期已确认的资产整体的公允价值不同。在这种情况下，企业还应披露公允价值计量是否包含并非基于可观察市场数据的重大输入值。

十一、衔接规定

对于本准则施行之前存在的金融工具，其会计处理与本准则规定不一致的，应当按照《企业会计准则第28号——会计政策、会计估计变更和差错更正》的规定采用追溯调整法进行处理。追溯调整不切实可行的，则应当采用未来适用法。

在对外提供比较期间的财务报表时，对于因会计政策变更产生的累积影响数，应当调整比较财务报表最早期间的期初留存收益，涉及财务报表其他相关项目的数字也应当一并调整。

第三部分
《企业会计准则第 37 号——金融工具列报》修订说明

一、本准则的修订背景

金融工具列报是金融工具确认和计量结果的综合性描述，是金融工具会计处理的重要组成部分。金融工具各项信息的列报应当有助于全面地反映企业存在的金融工具风险、采用的风险管理策略和风险管理水平等信息，便于财务报表使用者对企业进行综合评价。

为了规范金融工具的列示和披露，财政部于2006年2月15日发布了《企业会计准则第37号——金融工具列报》（财会〔2006〕3号，以下简称原准则），并自2007年1月1日起逐步在大中型企业得到有效实施，对于提升金融工具会计信息质量发挥了积极作用。随着国内金融市场的不断完善和发展，投资者、债权人和其他财务报表使用者对企业金融工具相关信息的列报提出了更高的要求，金融机构及其监管部门也对金融工具列报准则提出了修订要求。为了有助于企业向财务报表使用者提供更多决策有用的信息，不断提升财务报告的透明度、有用性和可比性，充分发挥会计在防范金融风险中的作用，有必要对原准则进行修订。

同时，原准则及其应用指南实施以来，在实务中也出现了一些新问题。例如，对于某些可回售工具等符合一定条件的金融负债，根据其交易实质，可以划分为权益工具，而根据原准则仍然归类为金融负债，这对一些多地上市的公司和开放式基金、信托等类型主体的财务报告产生一定影响。又如，多数企业反映，原准则中有关金融资产和金融负债的抵销要求过于原则，实务中缺乏明确指引。因此，需要对原准则相关内容进行补充和完善。

此外，原准则对应《国际会计准则第32号——金融工具：列示》（以下简称IAS 32）和《国际财务报告准则第7号——金融工具：披露》（以下简称IFRS 7）。原准则自2006年发布以来，随着国际金融市场的发展，特别是国际金融危机爆发以来，国际会计准则理事会对IAS 32和IFRS 7作过五次较大修订和若干次小修订。国际准则的这些新变化，也要求我们修订原准则以保持持续趋同。

综上，为了进一步提高企业金融工具列报质量和会计信息透明度，有效解决金融工具列报实务中出现的问题，同时保持我国金融工具列报准则与所对应的国际财务报告准则的持续趋同，结合企业会计准则的执行情况和金融市场的发展变化，我们对原准则进行了修订。

二、本准则的修订过程

自原准则实施以来，我们密切关注实施中存在的问题，并定期组织企业、投资者、会计师事务所和相关监管部门探讨金融工具国际准则的变化对中国企业的影响以及应对策略，为准则的修订奠定了基础。

2012年初，我们着手启动了本准则的修订工作。之后，在充分借鉴相关国际财务报告准则修订内容、全面研究我国企业实务实际需要的基础上，起草形成了本准则讨论稿，广泛征求了金融机构、企业、会计师事务所等方面的意见，并根据反馈意见对讨论稿进行了反复修改。

2012年9月，我们致函会计准则委员会各位委员，就讨论稿向各委员征求意见。各委员都支持我们按照《中国企业会计准则与国际财务报告准则持续趋同路线图》的要求，结合我国实际情况，修订本准则。之后，我们对各委员反馈的具体意见和建议进行了认真研究和充分吸收，在讨论稿基础上修订形成了本准则征求意见稿。

2012年12月，我们发布征求意见稿向全社会公开征求意见。截至2013年4月，共收到反馈意见48份。反馈意见总体上对修订内容表示赞同，并对征求意见稿中所列具体问题及其他问题和行文表述等提出意见和建议。2013年4月，我们与香港会计师公会召开了趋同等效会议，讨论了本准则修订过程中重点关注的问题以及香港方面对本准则征求意见稿的意见和建议。之后，我们对收集的意见和建议进行了认真研究、分析和吸收，在征求意见稿基础上修改形成了本准则草案，并于2013年8月再次向会计准则委员会各委员征求意见，进一步修改完善本准则。

2013年10月，我们会同国际会计准则理事会代表一起逐条与IAS32和IFRS7进行对比，国际会计准则理事会对本准则草案给予高度评价，并提出了个别修改意见，我们根据意见进行了完善。2013年11月至2014年4月，在本准则草案内容基本确定的基础上，为了确保准则条文表述精准、清晰，我们组织有关企业、会计师事务所等方面专家对本准则进行了多轮逐条讨论和完善，形成本准则送审稿。

本准则（财会〔2014〕23号）于2014年6月20日正式发布，并要求企业在2014年年度及以后期间的财务报告中执行。

三、本准则修订的主要内容

此次修订借鉴相关国际准则，对原准则内容作了较为全面的补充和完善，主要的修订内容涉及金融负债和权益工具的区分、金融资产和金融负债的抵销以及披露要求、金融资产转移的披露要求以及金融资产和金融负债到期期限分析的披露要求，并删除了有关金融工具公允价值的部分披露要求。修订的主要内容如下：

（一）将外币“固定换固定”的配股权等归类为权益工具

原准则规定，如果金融工具为衍生工具，企业只有通过交付固定数量的自身权益工具交换固定金额的现金或其他金融资产进行结算（即“固定换固定”）时，才能将该衍生工具确认为权益工具。但是，对于以外币结算的衍生工具，固定金额的外币折算为企业的记账本位币后，就成为可变金额，故不满足衍生金融工具确认为权益的“固定换固定”的要求，在原准则下只能确认为金融负债。

随着经济全球化的发展，企业通常不止在一个国家或地区上市，并受不同国家或地区法律法规的监管，发行以外币“固定换固定”的配股权、期权或认股权证的情形越来越多。如按原准则，企业发行的此类配股权、期权或认股权证只能确认为金融负债，对企业的财务报告产生较大影响，也不符合交易的实质。

为反映交易实质，促进中国企业更好地适应全球化发展，借鉴相关国际准则，本准则规定，如果企业对全部现有同类别非衍生自身权益工具的持有方同比例发行配股权、期权或认股权证，使之有权按比例以固定金额的任何货币换取固定数量的该企业自身权益工具（即外币“固定换固定”）的，该类配股权、期权或认股权证应当分类为权益工具。

（二）将符合一定条件的可回售工具等归类为权益工具

原准则将可回售工具和发行方仅在清算时才有义务向另一方按比例交付其净资产的金融工具确认为金融负债。但是，在一些特定情况下，这两类工具代表企业对净资产的剩余要求权。若仍将这两类工具确认为金融负债，会导致财务信息缺乏相关性和可理解性，尤其是对一些开放式基金、信托等类型的主体，可能会导致其财务报表中仅有资产和负债而无权益。

为改进对代表企业净资产剩余权益的金融工具的列报，借鉴相关国际准则，本准则规定在符合一定条件的情况下，将可回售工具和发行方仅在清算时才有义务向另一方按比例交付其净资产的金融工具归类为权益工具。

（三）完善金融资产和金融负债的抵销规定和披露要求

原准则对金融资产和金融负债的抵销作了原则性规定，但没有对其披露作出具体要求。实务中，有条件的抵销条款常见于我国金融机构一些衍生工具的交易协议中，对抵销规定的把握和运用至关重要。多数企业反映，原准则对抵销的规定过于原则化，在实务中不好运用。

为进一步指导企业正确把握金融资产和金融负债的抵销原则，并加强相关信息披露要求，借鉴相关国际准则，本准则对“已确认金额的法定权利”和“计划以净额结算”等原则作了进一步说明，并对抵销的金融工具和可执行的总互抵协议或类似协议下金融工具的披露作出了详细规定，要求企业披露相关定量信息并对抵销权利及其性质进行描述。

（四）完善金融资产转移的披露要求

原准则只笼统对不满足金融资产终止确认条件的金融资产转移的披露进行了规定。近年来随着我国金融创新步伐的不断加快，涉及金融资产转移的新业务越来越多，对金融资产转移的披露作进一步要求可以提高财务信息的透明度和可比性。例如，要求披露已转移但未整体终止确认的金融资产，有助于财务报表使用者评估企业已转移金融资产与相关负债之间的关系；要求披露已整体终止确认但转出方继续涉入的已转移金融资产，有助于财务报表使用者理解企业面临的最大风险敞口以及继续涉入程度。

为了提高金融资产转移信息披露的质量，全面反映金融资产转移活动中的风险，借鉴相关国际准则，本准则增加了对已转移尚未全部终止确认的金融资产，以及已全部终止确认、但转出方继续涉入的被转移金融资产的披露要求。

（五）修改金融资产和金融负债到期期限分析披露要求

原准则规定，企业应当披露金融资产和金融负债按剩余到期日所作的到期期限分析，以及管理这些金融负债流动性风险的方法。但是，在实务中，要求披露金融资产的到期期限分析给很多并未将金融资产纳入流动性风险管理体系的企业（例如非金融机构）带来额外的数据收集、分析的成本，也并未达到提供更多有用信息的目的。同时，对于某些衍生金融负债，很难披露剩余合同到期期限，而且披露也难以帮助财务报告使用者了解企业管理这些衍生金融负债流动性风险的程度。

本准则阐明了金融资产和金融负债纳入到期期限分析项目的范围，删除了披露金融资产到期期限分析的要求，规定只有当企业将所持有的金融资产作为流动性风险管理的一部分，且披露金融资产的到期期限分析使财务报告使用者能够恰当地评估企业流动性风险的性质和范围时，企业才应当披露这些金融资产的到期期限分析。同时，对衍生和非衍生金融负债的到期期限分析分别不同情况处理，以减轻对衍生金融负债到期期限分析的披露要求，规定只有衍生金融负债的合同到期期限对于理解现金流量时间分布是关键的，到期期限分析才应当基于合同剩余到期期限。

（六）删除有关金融工具公允价值部分披露要求

原准则规定了金融资产和金融负债公允价值相关的披露要求。由于部分公允价值披露要求已在新发布的《企业会计准则第39号——公允价值计量》中体现，本次修订删除了有关公允价值的部分披露要求，以保持整个准则体系的内在协调性。

第四部分

Accounting Standard for Business Enterprises No. 37—Presentation and Disclosures of Financial Instruments

Chapter 1 General Provisions

Article 1 This Standard is formulated in accordance with the "Accounting Standard for Business Enterprises - Basic Standard" for the purpose of prescribing the presentation and disclosure of financial instruments. "Presentation and disclosure of financial instruments" includes the presentation on faces of financial instruments and the disclosure in notes of financial instruments.

Article 2 The presentation and disclosure of financial instruments shall enable users to understand how the issuer classify, measure and present financial instruments, and to evaluate the significance of financial instruments for the enterprise's financial position and performance, the nature and extent of risks arising from financial instruments to which the enterprise is exposed during the period and at the end of the reporting period, and how the enterprise manages those risks.

Article 3 This Standard shall be applied by all enterprises to all types of financial instruments, except the following specific circumstances:

(a) Disclosures for the investments in subsidiaries, associates or joint ventures that are accounted for in accordance with "Accounting Standard for Business Enterprises No. 2—Long-term Equity Investments", "Accounting Standard for Business Enterprises No. 33—Consolidated Financial Statements" or "Accounting Standard for Business Enterprises No. 40—Joint Arrangements", "Accounting Standard for Business Enterprises No. 41—Disclosure of Interests in Other Entities" shall be applied except for the following circumstances:

(i) Entities shall apply this Standard to all derivatives linked to interests in subsidiaries, associates or joint ventures.

(ii) For the enterprise which is qualified to be an investment entity in accordance with "Accounting Standard for Business Enterprises No. 33—Consolidated Financial Statements", it shall apply this Standard to its investments in subsidiaries which are measured at fair value through profit or loss in accordance with that Standard.

(iii) According to "Accounting Standard for Business Enterprises No. 2—Long-term Equity Investments", certain investments in joint ventures or associates should be accounted for in accordance with "Accounting Standard for Business Enterprises No. 22—Recognition and Measurement of Financial Instruments". This Standard shall be applied to these investments in joint ventures or associates.

(b) To financial instruments and other contracts and obligations under share-based payment arrangements within the scope of "Accounting Standard for Business Enterprises No. 11—Share-based Payments", that standard shall be applied. However, to transactions and events within the scope of Article 4 of this Standard and treasury shares issued, repurchased, sold, or cancelled in connection with share-based payment arrangements, this Standard shall be applied.

(c) To debt restructuring transactions, "Accounting Standard for Business Enterprises No. 12—Debt Restructurings" shall be applied. However, to disclosure on transfer of financial assets in connection with debt restructuring, this Standard shall be applied.

(d) To insurance contracts which meet the definition of direct insurance contract or reinsurance contract, "Accounting Standard for Business Enterprises No. 25—Direct Insurance Contracts" or "Accounting Standard for Business Enterprises No. 26—Reinsurance Contracts" (hereinafter referred to as "relevant standards for insurance contracts") shall be applied.

This Standard applies to derivatives that are embedded in insurance contracts if "Accounting Standard for Business Enterprises No. 22—Recognition and Measurement of Financial Instruments" requires the enterprise to account for them separately. An enterprise shall apply this Standard to financial guarantee contracts if the enterprise elects to apply "Accounting Standard for Business Enterprises No. 22—Recognition and Measurement of Financial Instruments" in accounting for the contracts.

(e) To financial instruments that are within the scope of relevant standards for insurance contracts because they contain a discretionary participation feature, the requirements regarding the distinction between financial liabilities and equity instruments in this Standard shall not be applied. This Standard applies to derivatives that are embedded in these instruments. However, to embedded derivatives that are insurance contracts, relevant standards for insurance contracts shall be applied.

(f) To enterprises' rights and obligations under employee benefit plans, "Accounting Standard for Business Enterprises No. 9—Employee Benefits" shall be applied.

Article 4 This Standard shall be applied to those contracts to buy or sell a non-financial item that can be settled net in cash or another financial instrument, or by exchanging financial instruments. However, contracts that were entered into and continue to be held for the purpose of the receipt or delivery of a non-financial item in accordance with the enterprise's expected purchase, sale or usage requirements shall be applied to other relevant standards.

Article 5 Provisions of Chapter 6 to Chapter 8 of this Standard apply to not only recognised financial instruments in accordance with "Accounting Standard for Business Enterprises No. 22—Recognition and Measurement of Financial Instruments", but also unrecognised financial instruments, such as some loan commitments.

Article 6 Income tax relating to transactions or events within the scope of this Standard shall be accounted for in accordance with "Accounting Standard for Business Enterprises No. 18—Income Taxes"

Chapter 2 Distinction Between Financial Liabilities and Equity Instruments

Article 7 When an enterprise issues a financial instrument, it shall classify the financial instrument, or its component parts, on initial recognition as a financial asset, a financial liability or an equity instrument according to the contract terms of the financial instrument issued, the economic substance reflected rather than its legal form and the definitions of a financial asset, a financial liability and an equity instrument.

Article 8 A financial liability is any liability if one of the following conditions is satisfied:

(a) a contractual obligation to deliver cash or another financial asset to another entity;

(b) a contractual obligation to exchange financial assets or financial liabilities with another entity under conditions that are potentially unfavorable to the enterprise;

(c) a contract that will or may be settled in the enterprise's own equity instruments and is a non-derivative for which the enterprise is or may be obliged to deliver a variable number of the enterprise's own equity instruments; or

(d) a contract that will or may be settled in the enterprise's own equity instruments and is a derivative that will or may be settled other than by the exchange of a fixed number of the enterprise's own equity instruments for a fixed amount of cash or another financial asset. For this purpose, rights, options or warrants to acquire a fixed number of the enterprise's own equity instruments for a fixed amount of any currency are equity instruments if the enterprise offers the rights, options or warrants pro rata to all of its existing owners of the same class of its own non-derivative equity instruments. Also, for these purposes the enterprise's own equity instruments do not include financial instruments that are classified as equity instruments in accordance with Chapter 3 of this Standard, or instruments that are contracts for the future receipt or delivery of the enterprise's own equity instruments.

Article 9 An equity instrument is a contract that evidences a residual interest in the assets of an enterprise after deducting all of its liabilities. A financial instrument issued by an enterprise shall be classified as an equity instrument when both of the following conditions are satisfied:

(a) the instrument includes no contractual obligation

to deliver cash or another financial asset to another entity or to exchange financial assets or financial liabilities with another entity under conditions that are potentially unfavorable to the issuer;

(b) if the instrument will or may be settled in the enterprise's own equity instrument, it is:

(i) a non-derivative that includes no contractual obligation for the issuer to deliver a variable number of its own equity instruments; or

(ii) a derivative that will be settled only by the enterprise exchanging a fixed amount of cash or another financial asset for a fixed number of its own equity instruments. The enterprise's own equity instruments do not include financial instruments that are classified as equity instruments in accordance with Chapter 3 of this Standard, or instruments that are contracts for the future receipt or delivery of the enterprise's own equity instruments.

Article 10 Differentiating a financial liability from an equity instrument:

(a) If an enterprise does not have an unconditional right to avoid delivering cash or another financial asset to settle a contractual obligation, the obligation meets the definition of a financial liability. Although a financial instrument does not explicitly include terms and conditions of an obligation to deliver cash or another financial asset, it may establish an obligation indirectly through its other terms and conditions;

(b) If a financial instrument will or may be settled in the enterprise's own equity instruments, classification of the instrument depends on whether the enterprise's own equity instruments work as the replacement of cash or other financial instruments, or represent the investor's residual interest in the enterprise's assets after deducting all its liabilities. In the former case, the instrument shall be classified as a financial liability; in the latter case, the instrument shall be classified as an equity instrument. In some circumstances, a financial instrument requires that an enterprise will or may settle this financial instrument with its own equity instruments, the amount of the contractual right or obligation equals the quantities of the enterprise's own equity instruments to be received or delivered multiply the fair value of the instruments on settlement. This contract shall be classified as financial liability regardless of whether such a contractual right or obligation may be for a fixed amount or an amount that fluctuates in part or in full in response to changes in a variable other than the market price of the enterprise's own equity instruments (for example, an interest rate, a commodity price or a financial instrument price).

Article 11 With the exception of the financial instruments classified as equity in accordance with Chapter 3 of this Standard, for a contract that contains an obligation for an enterprise to purchase its own equity instruments for cash or another financial asset, the issuer shall recognise the obligation as a financial liability on initial recognition for the present value of the redemption amount (for example, for the present value of the forward repurchase price, option exercise price or other redemption amount), even if the issuer's obligation to purchase is conditional on the counterparty exercising a right to redeem. If the contract expires without requiring the issuer to purchase its own equity instruments for cash or another financial asset, the carrying amount of the financial liability is reclassified to equity.

Article 12 For a financial instrument with a contingent settlement provision, if the issuer does not have the unconditional right to avoid delivering cash or another financial asset or otherwise to settle it in such a way that it would be a financial liability, this instrument shall be classified as financial liability. However, if one of the following conditions is satisfied, the issuer shall classify the instrument as an equity instrument:

(a) The part of the contingent settlement provision that could require settlement in cash or another financial asset (or otherwise in such a way that it would be a financial liability) is not genuine, i. e. only on the occurrence of an event that is extremely rare, highly abnormal and very unlikely to occur.

(b) Settlement in cash or another financial asset or otherwise in such a way that the instrument would be a financial liability by the issuer is required only in the event of liquidation of the issuer.

(c) The puttable instrument classified as equity instrument in accordance with Chapter 3 of this Standard.

A financial instrument with a contingent settlement provision is an instrument which may require the enterprise to deliver cash or another financial asset, or otherwise to settle it in such a way that it would be a financial liability, in the event of the occurrence or non-occurrence of uncertain future events (such as a change in a stock market index, consumer price index, interest rate or taxation requirements, or the issuer's future revenues, net income or debt-to-equity ratio) or on the outcome of uncertain circumstances that are beyond the control of both the issuer and the holder of the instrument.

Article 13 For a derivative financial instrument which gives one party a choice over how it is settled (e. g. a derivative instrument with contractual provisions that the issuer or the holder can choose settlement net in cash or by exchanging shares for cash), the issuer shall classify it as a financial asset or a financial liability unless all available settlement alternatives indicate that it shall be recognised as an equity instrument.

Article 14 The enterprise shall evaluate the non-derivative financial instrument it issued to determine whether it is a compound financial instrument. The non-derivative instrument issued may contain both a financial liability and an equity component. For such a compound financial instrument, the issuer shall separately classify such components as financial liabilities, financial assets or equity instruments on initial recognition.

When a non-derivative instrument issued by the enterprise contains both a financial liability and an equity instrument component, the enterprise shall firstly determine the fair value of the financial liability component (including the fair value of any non-equity embedded derivative) on initial recognition. The fair value of the equity instrument component is then determined by deducting the fair value of the liability component from the value of the compound financial instrument.

Article 15 When classifying a financial instrument (or a component of it) in consolidated financial statements, the enterprise shall consider all terms and conditions agreed between members of the group and the holders of the instrument. If the group as a whole has an obligation to deliver cash or another financial asset in respect of the instrument or to settle it in a manner that results in liability classification, this instrument shall be classified as a financial liability.

Chapter 3 Classification of Specific Financial Instruments

Article 16 A puttable instrument that meets the definition of a financial liability is classified as an equity instrument if it has all the following features:

(a) It entitles the holder to a pro rata share of the enterprise's net assets in the event of the enterprise's liquidation. The enterprise's net assets are those assets that remain after deducting all other claims which have priority over the instrument on its assets. A pro rata share is determined by dividing the enterprise's net assets on liquidation into units of equal amount and multiplying that amount by the number of the units held by the financial instrument holder.

(b) The instrument is in the class of instruments that is subordinate to all other classes of instruments. The instrument does not need to be converted into another instrument before it is in the class of instruments, and the instrument has no priority over other claims to the assets of the enterprise on liquidation.

(c) All financial instruments in the class of

instruments have identical features (for example, they must all be puttable, and the formula or other method used to calculate the repurchase or redemption price is the same for all instruments in that class).

(d) Apart from the contractual obligation for the issuer to repurchase or redeem the instrument for cash or another financial asset, the instrument does not meet any other features of a financial liability as defined in this Standard.

(e) The total expected cash flows attributable to the instrument over the life of the instrument are based substantially on the profit or loss, the change in the recognised net assets or the change in the fair value of the recognised and unrecognised net assets of the enterprise over the life of the instrument (excluding any effects of the instrument).

A puttable instrument is a financial instrument that gives the holder the right to put the instrument back to the issuer for cash or another financial asset or is automatically put back to the issuer on the occurrence of an uncertain future event or the death or retirement of the instrument holder.

Article 17 A financial instrument that meets the definition of a financial liability and imposes on the enterprise an obligation to deliver to another party a pro rata share of the net assets of the enterprise only on liquidation is classified as an equity instrument if it has all the following features:

(a) It entitles the holder to a pro rata share of the enterprise's net assets in the event of the enterprise's liquidation.

(b) The instrument is in the class of instruments that is subordinate to all other classes of instruments.

(c) All financial instruments in the class of instruments that is subordinate to all other classes of instruments must have an identical contractual obligation for the issuer to deliver a pro rata share of its net assets on liquidation.

The above obligation arises because liquidation either is certain to occur and outside the control of the issuer (for example, the issuer itself is a limited life entity) or is uncertain to occur but is at the option of the instrument holder.

Article 18 For a puttable financial instrumentto be classified as an equity instrument or a financial instrument that imposes on the enterprise an obligation to deliver to another party a pro rata share of the net assets of the enterprise only on liquidation to be classified as an equity, in addition to the instrument having all the features as described in Article 16 and Article 17, the issuer must have no other financial instrument or contract that has the following features:

(a) total cash flows based substantially on the profit or loss, the change in the recognised net assets or the change in the fair value of the recognised and unrecognised net assets of the enterprise (excluding any effects of such instrument or contract).

(b) the effect of substantially restricting or fixing the residual return to the holders of the instrument as described in Article 16 and Article 17 of this Standard.

For the purposes of applying this condition, the issuer shall not consider non-financial contracts with a holder of an instrument as described in Article 16 and Article 17 of this Standard that have contractual terms and conditions that are similar to the contractual terms and conditions of an equivalent contract that might occur between a non-instrument holder and the issuer. However, if the issuer cannot determine that this condition is met, it shall not classify the instrument as an equity instrument.

Article 19 For a financial instrument classified as an equity instrument in accordance with this Chapter, the issuer shall reclassify this financial instrument as a financial liability from the date when the instrument ceases to have all the features as set out in Article 16 or Article 17 or meet all the conditions as set out in Article 18. The financial liability shall be measured at the instrument's fair value at the date of reclassification. The enterprise shall recognise in equity any difference between the carrying value of the equity instrument and the fair value of the financial liability at the date of reclassification.

For a financial instrument classified as a financial liability in accordance with this Chapter, the issuer shall reclassify this financial instrument as an equity instrument from the date when the instrument has all the features as set out in Article 16 or Article 17 and meet all the conditions as set out in Article 18. The equity instrument shall be measured at the carrying value of the financial liability at the date of reclassification.

Article 20 Financial instruments issued by the enterprise and classified as equity instruments in accordance with this Chapter in its financial statements that are non-controlling interests are classified as liabilities in the consolidated financial statements of the parent.

Chapter 4 Income and Treasury Shares

Article 21 Interest, dividends, gains or losses relating to a financial instrument or a component that is a financial liability, and gains and losses associated with redemptions or refinancings of financial liabilities shall be recognised in profit or loss for the current period

Article 22 For a financial instrument or a component that is an equity instrument, issuance (including refinancing), repurchase, sales or cancellation of the equity instrument shall be accounted for as a change to equity by the issuer. Changes in the fair value of an equity instrument are not recognised by the issuer.

Distributions to holders of an equity instrument shall be accounted for as profit appropriation. Stock dividend distributed has no impact on total amount of the owners' equity.

Article 23 Transaction costs of an equity transaction are accounted for as a deduction from equity. Transaction costs are incremental costs directly attributable to the acquiring, issuing or disposal of financial instruments. Incremental costs are costs that otherwise would have been avoided if the enterprise does not acquire, issue or dispose financial instrument.

Transaction costs (for example, registration fees, underwriting fees, amounts paid to legal, accounting, appraisal and other professional advisers, printing costs and stamp duties and etc.) incurred for an enterprise when issuing or acquiring its own equity instruments, are accounted for as a deduction from equity. The costs of an equity transaction that is abandoned are recognised as an expense.

Article 24 Transaction costs that relate to the issue of a compound financial instrument shall be allocated to the financial liability and equity instrument components of the instrument in proportion to the allocation of proceeds. Transaction costs that relate jointly to more than one transaction are allocated to those transactions using a basis of allocation that is rational and consistent with similar transactions.

Article 25 Dividends paid for a financial instrument which is classified as a financial liability shall be recognised as an expense in the income statement, presented with interest on other liabilities and separately disclosed in the notes to financial statements.

Transaction costs accounted for as a deduction from equity shall be disclosed separately inthe notes to financial statements.

Article 26 Consideration and transaction costs paid by the enterprise to reacquire its own equity instruments (treasury shares) shall be deducted from equity. No financial assets should be recognised. Treasury shares may be acquired and held by the enterprise itself or by other members of the consolidated group.

Article 27 The enterprise shall disclose separately the amount of treasury shares held in the balance sheet in accordance with "Accounting Standard for Business Enterprises No. 30—Presentation of Financial Statements"

The enterprise shall provide disclosure in accordance with "Accounting Standard for Business Enterprises No. 36—Related Party Disclosures" if it reacquires its own equity instruments from related parties.

Chapter 5 Offsetting A Financial Asset and A Financial Liability

Article 28 Financial assets and financial liabilities shall be presented separately in the balance sheet and shall not be offset. However, a financial asset and a financial liability shall be offset and the net amount presented in the balance sheet when both of the following conditions are satisfied:

(a) the enterprise has a legal right to set off the recognised amounts and the legal right is currently enforceable.

(b) the enterprise intends either to settle on a net basis, or to realise the financial asset and settle the financial liability simultaneously.

In accounting for a transfer of a financial asset that does not qualify for derecognition, the transferor shall not offset the transferred asset and the associated liability.

Article 29 A right of set-off is a debtor's legal right, by contract or other agreement, to eliminate all or a portion of an amount due to a creditor by applying against that amount an amount due from the creditor. In certain circumstances, a debtor may have a legal right to apply an amount due from a third party against the amount due to a creditor provided that there is an agreement between the three parties that clearly establishes the debtor's right of set-off which does not violate any law or regulation.

Article 30 A right of set-off must not be contingent on a future event, and must be legally enforceable in the normal course of business or in all circumstances such as the event of default, insolvency or bankruptcy and etc. of the enterprise and all of the counterparties.

When determining whether the right of set-off is enforceable, the enterprise shall fully consider factors of all aspects including relevant laws and regulations as well as contract terms.

Article 31 The existence of a current enforceable right of set-off, by itself, is not a sufficient basis for offsetting. If the enterprise does not intend to exercise the right (i. e. settle on a net basis) nor to settle a financial asset and a financial liability simultaneously, the financial asset and the financial liability shall not be offset.

The financial asset and the financial liability shall not be offset on the basis of an intention by one or both parties to settle on a net basis or settle a financial asset and a financial liability simultaneously without the legal right to do so.

Article 32 If an enterprise can settle a financial asset and a financial liability simultaneously in a manner such that the outcome is, in effect, equivalent to net settlement, the enterprise will meet the net settlement criterion set out in Article 28 (a) of this Standard. The settlement mechanism must process receivables and payables in a single settlement process or cycle, and finally eliminate or substantially eliminate credit and liquidity risk.

A settlement system would meet the net settlement criterion if it has all of the following characteristics:

(a) financial assets and financial liabilities eligible for set-off are submitted at the same point in time for processing;

(b) once the financial assets and financial liabilities are submitted for processing, the parties are committed to fulfill the settlement obligation;

(c) there is no potential for the cash flows arising from the assets and liabilities to change once they have been submitted for processing, unless the processing fails;

(d) assets and liabilities that are collateralised with securities will be settled on a securities transfer or similar system (for example, delivery versus payment), so that if the transfer of securities fails, the processing of the related receivable or payable for which the securities are collateral will also fail, and vice versa;

(e) any transactions that fail, as outlined in (d) of this Article, will be re-entered for processing until they are settled;

(f) settlement is carried out through the same settlement institution;

(g) an intraday credit facility is in place that will provide sufficient overdraft amounts to enable the processing of payments at the settlement date for each of the parties, and it is ensured that the intraday credit facility will be honoured if called upon.

Article 33 The conditions set out in Article 28 are generally not satisfied and related financial assets and financial liabilities shall not be offset in following circumstances:

(a) several different financial instruments are used to emulate the features of a single financial instrument, i. e. a 'synthetic instrument'. For example, a floating rate long-term bond combined with an interest rate swap that involves receiving floating payments and making fixed payments synthesises a fixed rate long-term debt;

(b) financial assets and financial liabilities having the same primary risk exposure (for example, assets and liabilities within a portfolio of forward contracts or other derivative instruments) but involve different counterparties;

(c) financial or other assets are pledged as collateral for non-recourse financial liabilities;

(d) financial assets are set aside in trust by a debtor for the purpose of discharging an obligation without those assets having been accepted by the creditor in settlement of the obligation (for example, a sinking fund or similar arrangements);

(e) obligations incurred as a result of events giving rise to losses are expected to be recovered from a third party by virtue of a claim made under an insurance contract.

Article 34 An enterprise that undertakes a number of financial instrument transactions with a single counterparty may enter into a 'master netting agreement' with that counterparty. Relevant financial assets and financial liabilities subject to a master netting agreement cannot be offset unless both of the criteria in Article 28 are satisfied.

A master netting agreement is an agreement that provides for a single net settlement of all financial instruments covered by the agreement in the event of default on, or termination of, any one contract.

Article 35 The enterprise shall differentiate between offsetting a financial asset and a financial liability and the derecognition of a financial asset or a financial liability. Offsetting a financial asset and a financial liability and presenting the net amount in the balance sheet does not give rise to recognition of a gain or loss. The derecognition not only results in the removal of the related financial asset or financial liability from the line item presented in the balance sheet but also may result in recognition of a gain or loss.

Chapter 6 Disclosure of effects of financial instruments on financial position and operating results

Section 1 General Provisions

Article 36 When providing presentations for each item of financial instruments, an enterprise shall group financial instruments into classes that are appropriate to the nature of the information disclosed and that take into account the characteristics of those financial instruments. The enterprise shall provide sufficient information relating to financial instruments, to permit reconciliation between disclosures in notes of the financial statements and line items presented in the financial statements.

Article 37 In determining classes of financial instrument to be presented, an enterprise shall, at a minimum, distinguish financial instruments within the scope of this Standard measured at amortised cost from those measured at fair value.

Article 38 An enterprise shall reasonably determine, in the light of its circumstances, how much detail it provides for financial instruments in accordance with this Standard. It shall neither disclose information with excessive detail that may obscure really important information, nor disclose information that is so aggregated that it obscures important differences between individual transactions or associated risks.

Article 39 An enterprise shall disclose, in relation to financial instruments, the significant accounting policies adopted, the measurement basis (or bases) used in the preparation of financial statements and the other accounting policies used that are relevant to an understanding of the financial statements, including mainly:

(a) for financial assets or financial liabilities designated as at fair value through profit or loss, the following information shall be disclosed:

(i) the nature of the designated financial assets or financial liabilities;

(ii) the criteria for so designating such financial assets or financial liabilities on initial recognition;

(iii) how the enterprise has satisfied the criteria for such designation. For designation to eliminate or significantly reduce an accounting mismatch, the enterprise shall disclose a narrative description of the circumstances underlying the measurement or recognition inconsistency that would otherwise arise. For designation to better reflect the management substance of a group, the enterprise shall disclose a narrative description of how designation is consistent with the enterprise's formally documented risk management or investment strategy. For a hybrid instrument designated as at fair value through profit or loss in its entirety, the enterprise shall disclose a narrative description of the criteria used for designation.

(b) the criteria for designating financial assets as available-for-sale financial assets.

(c) the accounting policy forregular way purchases and sales of financial assets.

(d) the criteria for writing off amounts charged to

the allowance account against the carrying amount of financial assets.

(e) how gains or losses on each category of financial instrument are determined.

(f) the criteria indicating there is objective evidence that an impairment loss of a financial asset has occurred.

(g) when the terms of financial assets that would otherwise be past due or impaired have been renegotiated, the accounting policy for financial assets that are the subject of renegotiated terms.

Section 2 Presentation and Disclosures in the Balance Sheet

Article 40 An enterprise shall disclose, either in the balance sheet or in the notes, the carrying amount of the following financial assets or financial liabilities:

(a) financial assets at fair value through profit or loss, showing separately financial assets classified as held for trading and those financial assets designated as at fair value through profit or loss on initial recognition;

(b) held-to-maturity investments;

(c) loans and receivables;

(d) available-for-sale financial assets;

(e) financial liabilities at fair value through profit or loss, showing separately financial liabilities classified as held for trading and those financial liabilities designated as at fair value through profit or loss on initial recognition;

(f) otherfinancial liabilities.

Article 41 If the enterprise has designated a loan or receivable, or a group of loans or receivables, as financial assets at fair value through profit or loss, it shall disclose the following information:

(a) the enterprise's maximum exposure to credit risk of the loan or receivable (or group of loans or receivables) at the balance sheet date. Credit risk is the risk that one party to a financial instrument will cause a financial loss for the other party by failing to discharge an obligation.

(b) the amount by which any related credit derivatives or similar instruments mitigate that maximum exposure to credit risk.

(c) the amount of change, during the period and cumulatively, in the fair value of the loan or receivable that is attributable to changes in the credit risk. This amount is determined as the amount of change in the fair value of the loan or receivable that is not attributable to changes in market conditions that give rise to market risk, or using an alternative method the enterprise believes more faithfully represents the amount of change in its fair value that is attributable to changes in the credit risk of this loan or receivable. Changes in market conditions that give rise to market risk include changes in an observed interest rate, commodity price, foreign exchange rate or index of prices or rates.

(d) the amount of the change in the fair value of any related credit derivatives or similar instruments that has occurred during the period and cumulatively since the loan or receivable was designated.

Article 42 If the enterprise has designated a financial liability as a financial liability at fair value through profit or loss, it shall disclose the following information:

(a) the amount of change, during the period and cumulatively, in the fair value of the financial liability that is attributable to changes in the credit risk of that liability. This amount is determined as the amount of change in the fair value of the financial liability that is not attributable to changes in market conditions that give rise to market risk, or using an alternative method the enterprise believes more faithfully represents the amount of change in its fair value that is attributable to changes in the credit risk of this financial liability. For contracts that include a unit-linking feature, changes in market conditions that give rise to market risk include changes in the performance of the related internal or external investment portfolios.

(b) the difference between the financial liability's carrying amount and the amount that is contractually required to pay at maturity to the holder of obligation.

Article 43 The enterprise shall disclose the methods used to comply with the requirements in Article 41 (c) and Article 42 (a) of this Standard. If the enterprise believes that the disclosure it has given does not faithfully represent the change in the fair value of the financial instrument attributable to changes in its credit risk, the enterprise shall disclose the reasons for reaching this conclusion and the factors it believes are relevant.

Article 44 If the enterprise has reclassified financial assets and changed the subsequent measurement basis of the financial assets, it shall disclose the fair value or carrying amount of such financial assets before and after the reclassification and the reason for that reclassification.

Article 45 For recognised financial instruments that are subject to an enforceable master netting arrangement or similar agreement, and recognised financial instruments that qualify for offset in accordance with criteria in Article 28 of this Standard , an enterprise shall disclose, at the end of the reporting period, the following quantitative information in a tabular format, separately for financial assets and financial liabilities:

(a) the gross amounts of those recognised financial assets and recognised financial liabilities;

(b) the amounts that are set off in accordance with this Standard;

(c) the net amounts presented in the balance sheet;

(d) the amounts subject to an enforceable master netting arrangement or similar agreement that are not otherwise included in this Article (b), including:

(i) amounts related to recognised financial instruments that do not meet the offsetting criteria;

(ii) amounts related to financial collateral (including cash collateral) are limited to the net amount presented in the balance sheet for that instrument after deducting the amounts in this Article (d) (i).

(e) the net amount after deducting the amounts in this Article (d) from the net amounts presented in the balance sheet.

An enterprise shall include a description in the disclosures of the terms and nature of the rights of set-off for agreements that are disclosed in accordance with this Article (d), and the measurement differences resulted on financial instruments using different measurement basis in accordance with this Article.

Article 46 For puttable financial instruments classified as equity instruments in accordance with Chapter 3 of this Standard, an enterprise shall disclose the following information:

(a) summary quantitative data about the amount of puttable financial instruments;

(b) the enterprise's objectives, policies and processes for managing its obligation to repurchase or redeem the instruments when required to do so by the instrument holders, including any changes from the previous period;

(c) the expected cash outflow on redemption or repurchase of that class of financial instruments and information about how the amount was determined.

Article 47 If an enterprise has reclassified a specific financial instrument as set out in Chapter 3 of this Standard between financial liabilities and equity, it shall disclose separately the fair value or carrying amount of such reclassified financial instrument and the time and reason for that reclassification.

Article 48 An enterprise shall disclose the carrying amount of financial assets it has pledged as collateral for liabilities or contingent liabilities and the terms and conditions relating to the collateral, including those financial assets that shall be separately presented in the transferor's balance sheet if such assets have been provided by the transferor as collateral of transferred financial assets and the transferee has the right to sell or re-pledge the collateral.

Article 49 When an enterprise holds collateral and is permitted to sell or re-pledge the collateral in the absence of default by the owner of the collateral, it shall disclose the fair value of the collateral held, the fair value of any such collateral sold or re-pledged, the obligation to return it and the terms and conditions associated with its use of the collateral.

Article 50 An enterprise shall use a separate allowance account to record the impairment attributable to credit losses for each class of financial assets, and disclose the information of provisions for impairment losses, showing the opening balance, the amount of provision recognised, reversed, transferred written-off or other changes for the current period and the closing balance.

Article 51 If an enterprise has issued an instrument that contains both a financial liability and an equity instrument component and the instrument has multiple embedded derivatives whose values are interdependent (such as a callable convertible debt instrument), it shall disclose the existence of those features.

Article 52 For financial liabilities other than short-term payables, an enterprise shall disclose the following information:

(a) details of any defaults during the period of principal, interest, sinking fund or redemption terms of those financial liabilities.

(b) the carrying amount of financial liabilities in default at the end of the reporting period.

(c) the remedial actions taken for the defaults or status of re-negotiation on the terms the debt, before the financial statements were authorised for issue.

If, during the period, there were breaches of debt terms other than defaults and those breaches permitted the creditor to demand accelerated repayment of the financial liability, an enterprise shall disclose the same information in accordance with above requirements, unless the breaches were remedied or the terms of the debt were renegotiated before the end of the reporting period.

Section 3 Presentation and Disclosures in the Income Statement

Article 53 An enterprise shall disclose the following items of income, expense, gains or losses related to financial instruments:

(a) gains or lossesfor the current period on financial assets or financial liabilities. For this purpose, gains or losses on financial assets or financial liabilities designated as at fair value through profit or loss and gains or losses on trading financial assets or financial liabilities shall be disclosed separately. Also, for available-for-sale financial assets, the amount of gain or loss recognised in other comprehensive income during the period and the amount reclassified from equity to profit or loss for the period shall be disclosed separately.

(b) total interest income and total interest expense calculated using the effective interest method for financial assets or financial liabilities that are not at fair value through profit or loss, and fee income and expense, other than amounts included in determining the effective interest rate, arising from financial assets or financial liabilities that are not at fair value through profit or loss.

(c) fee income and expense arising from trust and other fiduciary activities that result in the holding or investing of assets on behalf of others.

(d) interest income on impaired financial assets.

(e) the amount of any impairment loss for each class of financial asset for the current period.

Section 4 Disclosures on Hedging

Article 54 An enterprise shall disclose the following information for each type of hedge:

(a) a description of each type of hedge.

(b) a description of the financial instruments designated as hedging instruments and their fair values at the end of the reporting period.

(c) the nature of the risks being hedged.

Article 55 An enterprise shall disclose the following information related to cash flow hedges:

(a) the periods when the cash flows are expected to occur and when they are expected to affect profit or loss.

(b) a description of any forecast transaction for which hedge accounting had previously been used but which is no longer expected to occur.

(c) the amount that was recognised in other comprehensive income during the period.

(d) the amount that was reclassified from equity to each line item in the income statement for the period.

(e) the amount that was removed from equity during the period and included in the initial recognition amount or other carrying amount of a non-financial asset or non-financial liability that arises from a hedged forecast transaction.

Article 56 An enterprise shall separately disclose the following information related to hedge accounting:

(a) in fair value hedges, gains or losses for the period on the hedging instrument and gains or losses for the period on the hedged item attributable to the hedged risk.

(b) in cash flow hedges, gains or losses for the

period arising from ineffective hedges.

(c) in hedges of net investments in foreign operations, gains or losses for the period arising from ineffective hedges.

Section 5 Disclosures on fair value

Article 57 Except as set out in Article 59 of this Standard, for each class of financial assets and financial liabilities, an enterprise shall disclose the fair value of that class of assets and liabilities, and compare the fair value with its carrying amount. For financial assets and financial liabilities whose carrying amounts are offset in the balance sheet, the fair values shall be disclosed in net amounts after offsetting.

Article 58 When the fair value of a financial asset or financial liability on initial recognition differs from the transaction price, if the fair value is neither evidenced by a quoted price in an active market for an identical asset or liability nor based on a valuation technique that uses only data from observable markets, the enterprise shall not recognise a gain or loss on initial recognition of a financial asset or financial liability. In such cases, the following information by class of financial assets and financial liabilities shall be disclosed:

(a) its accounting policy for recognising in profit or loss the difference between the transaction price and the fair value at initial recognition to reflect a change in factors (including time) that market participants would take into account when pricing the asset or liability.

(b) the difference yet to be recognised in profit or loss at the beginning and end of the period and the movement during the period.

(c) why the enterprise concluded that the

transaction price was not the best evidence of fair value, and a description of the evidence that supports the fair value.

Article 59 An enterprise is not required to disclose fair value information of the following financial assets or financial liabilities:

(a) financial assets or financial liabilities where the difference between the carrying amount and the fair value is insignificant (for example, short-term trade receivables or payables).

(b) investments in equity instruments that do not have a quoted market price in an active market for an identical instrument, and derivatives linked to such equity instruments.

(c) a contract containing a discretionary participation feature and the fair value of that feature cannot be measured reliably.

Article 60 In the cases described in Article 59 (b) and (c), an enterprise shall disclose the following information:

(a) a description of financial instruments and their carrying amount, and the fact and explanation that fair value information has not been disclosed for these financial instruments because their fair value cannot be measured reliably.

(b) information about the market for such financial instruments.

(c) information about whether and how the enterprise intends to dispose of such financial instruments.

(d) the fact of derecognition of financial instruments, and their carrying amount at the time of derecognition, and the gain or loss recognised as a result of derecognition.

Chapter 7 Disclosures on Risks related to Financial Instruments

Section 1 Qualitative and Quantitative Information

Article 61 An enterprise shall disclose qualitative information and quantitative information for each type of risk related to financial instruments, to enable users of its financial statements to evaluate the nature and extent of risks arising from financial instruments at the end of the reporting period, and evaluate the enterprise's exposure to risks in a better way. Risks related to financial instruments include, but not limited to credit risk, liquidity risk, and market risk and etc..

Article 62 For each type of risk arising from financial instruments, an enterprise shall disclose the following qualitative information:

(a) the exposures to risk and how they arise, and any changes during the period.

(b) the risk management objectives, policies, processes and the methods used to measure the risk, and any changes during the period.

Article 63 For each type of risk arising from financial instruments, an enterprise shall disclose the following quantitative information:

(a) summary quantitative data about its exposure to that risk at the end of the reporting period. This disclosure shall be based on the information provided internally to key management personnel of the enterprise. When an enterprise uses several methods to manage a risk exposure, the information to be disclosed shall be based on the most relevant and reliable method.

(b) information required by Article 64 to Article 74.

(c) information for concentrations of risk as at the end of the reporting period including a description of how management determines concentrations and factors taken into account (including counterparty, geographical area, type of currency, type of market and etc.), and the amount of the risk exposure associated with each concentration of risk.

If the above quantitative information as at the end of the reporting period is unrepresentative of an enterprise's exposure to risk during the period, further relevant information shall be provided.

Section 2 Disclosures on Credit Risk

Article 64 An enterprise shall disclose the following information related to credit risk by class of financial instruments:

(a) the enterprise's maximum exposure to credit risk at the balance sheet date without taking into account of any collateral held or other credit enhancements. This disclosure is not required for financial instruments whose carrying amount best represents the maximum exposure to credit risk;

(b) a description of collateral held as security and of other credit enhancements, and their financial effect in respect of the maximum exposure to credit risk;

(c) information about the credit quality of financial assets that are neither past due nor impaired.

For a financial asset, the enterprise's maximum exposure to credit risk is typically the gross carrying amount of a financial asset after deducting any impairment losses recognised (net of any amounts offset in accordance with this Standard)

Article 65 An enterprise shall disclose the following information of financial assets that are either past due or impaired by class of financial assets as at the balance sheet date:

(a) an analysis of the age of financial assets that are past due but not impaired.

(b) an analysis of financial assets that are individually determined to be impaired, including the factors that the enterprise considered in determining that such financial assets are impaired.

Article 66 When an enterprise obtains financial or non-financial assets during the period by taking possession of collateral it holds as security or calling on other credit enhancements, and such assets are recognised by the enterprise, an enterprise shall disclose the following information:

(a) the nature and carrying amount of the assets recognised.

(b) when the assets are not readily convertible into cash, its policies for disposing of such assets or for using them in its daily operations and etc. shall be disclosed.

Section 3 Disclosures on Liquidity Risk

Article 67 An enterprise shall disclose a maturity analysis for financial liabilities that shows the remaining maturities and a description of how it manages the liquidity risk inherent in those financial liabilities.

(a) for non-derivative financial liabilities (including financial guarantee contracts), the maturity analysis shall be based on the remaining contractual maturities. For hybrid financial instrument with an embedded derivative, an enterprise shall disclose this whole financial instrument as a non-derivative financial liability.

(b) for derivative financial liabilities, the maturity analysis shall be based on the remaining contractual maturities for those derivative financial liabilities if contractual maturities are essential for an understanding of the timing of the cash flows.

When an enterprise uses financial assets it holds for managing liquidity risk, and a maturity analysis of financial assets could enable users of its financial statements to evaluate appropriately the nature and extent of liquidity risk, the enterprise shall disclose a maturity analysis of financial assets.

Liquidity risk is the risk that an enterprise will encounter difficulty in meeting obligations that are settled by delivering cash or another financial asset.

Article 68 In preparing the maturity analysis, an enterprise shall use its judgment to determine the appropriate time bands. The amounts included in each time band in accordance with Article 67 shall be the contractual undiscounted cash flows.

An enterprise may, but is not restricted to, prepare the maturity analysis based on the following time bands:

(a) not later than one month (inclusive of the last day in the final month within the time band, same as below);

(b) later than one month and not later than three months;

(c) later than three months and not later than one year;

(d) later than one year and not later than five years; and

(e) more than five years.

Article 69 When the creditor has a choice of when a debt is to be repaid, the debtor shall allocate the related financial liability to the earliest time band in which the creditor can require repayment.

When the amount of debt payable by the debtor is not fixed, the amount disclosedin maturity analysis is determined by reference to the conditions existing at the balance sheet date. For amounts made available in instalments, the debtor shall allocate each instalment payable to the earliest period in which the instalment becomes due.

For financial liabilities arising from financial guarantee contracts, the guarantor shall allocate the maximum amount of the guarantee to the earliest period in which the guarantee could be called.

Article 70 When disclosing summary quantitative data about its exposure to liquidity risk, an enterprise shall explain how those data are determined. When the outflows of cash (or another financial asset) included in those data could meet one of the conditions as follows, the enterprise shall state that fact and provide extra quantitative information that enables users of its financial statements to evaluate the extent of this risk:

(a) the outflows of cash may occur significantly earlier than indicated in the summarized quantitative data.

(b) the outflow of cash may be for significantly different amounts from those indicated in the summarized quantitative data.

No extra quantitative information is needed if disclosures on quantitative data described above have already been included in the maturity analyses required by Article 67 of this Standard.

Section 4 Disclosures on Market Risk

Article 71 Market risk of a financial instrument is the risk that the fair value or future cash flows of the financial instrument will fluctuate because of changes in market prices. It comprises currency risk, interest rate risk and other price risk.

Currency risk is the risk that the fair value or future cash flows of a financial instrument will fluctuate because of changes in foreign exchange rates. Currency risk can arise on financial instruments that are denominated in a foreign currency other than the functional currency in which they are measured.

Interest rate risk is the risk that the fair value or future cash flows of a financial instrument will fluctuate because of changes in market interest rates. Interest rate risk can arise on both recognised interest-bearing financial instruments and unrecognised financial instruments (e.g. some loan commitments).

Other price risk isthe risk that the fair value of future cash flows of a financial instrument will fluctuate because of changes in market prices other than those arising from interest rate risk or currency risk, whether those changes are caused by factors specific to the individual financial instrument or its issuer or by factors affecting all similar financial instruments traded in the market. Other price risk can arise on changes in commodity prices or equity prices and etc.

Article 72 When preparing sensitivity analyses for market risk, an enterprise shall disclose the following information for the whole of its business:

(a) a sensitivity analysis for each type of market risk to which the enterprise is exposed at the balance sheet date. This disclosure shall show how the enterprise's profit or loss or equity would have been affected by changes in the relevant risk variable that were reasonable and possible at that date.

A sensitivity analysis shall be disclosed for each currency to which the enterprise has significant foreign currency exposure.

(b) the methods and assumptions used in preparing the sensitivity analysis for the period, changes during the period in the methods and assumptions used, and the reasons for such changes.

Article 73 If an enterprise prepares a sensitivity analysis based on value-at-risk or other similar methods that reflects interdependencies between risk variables (e. g. interest rates and exchange rates) and the enterprise uses such method to manage financial risks, it should disclose the following information in place of the disclosure specified in Article 72 of this Standard:

(a) an explanation of the method used in preparing such a sensitivity analysis, and the main parameters and assumptions used.

(b) an explanation of the objective of the method used and of limitations that may result in the information not fully reflecting the fair value of the assets and liabilities involved.

Article 74 When the disclosure of the sensitivity analysis under Article 72 or 73 of this Standard is unrepresentative of a market risk inherent in the financial instrument (for example, because the period-end exposure does not reflect the exposure during the period), the enterprise shall disclose that fact and the reason.

Chapter 8 Disclosures on Transfers of Financial Assets

Article 75 An enterprise shall provide the required disclosures separately, in accordance with this Standard, for all transferred financial assets that are not derecognised and for any continuing involvement in a transferred asset existing at the balance sheet date.

Transfers of financial assets described in this Article refers to the below circumstances:

(a) an enterprise transfers the contractual rights to receive the cash flows of the financial asset to another party;

(b) an enterprise transfers all or a part of a financial asset to another party, but retains the contractual rights to receive the cash flows of the financial asset, and assumes a contractual obligation to pay the cash flows to one or more recipients.

Article 76 Information disclosed by an enterprise on transfers of financial assets shall enable users of its financial statements to understand the relationship between transferred financial assets that are not derecognised in their entirety and the associated liabilities, and to evaluate the nature of, and risks associated with, the enterprise's continuing involvement in derecognised financial assets.

An enterprise shall disclose any additional information that it considers the disclosures provided in accordance with Article 78 to Article 79 are not sufficient to meet the requirements in above paragraph of this Article.

Article 77 Continuing involvement described in this Chapter refers to that, an enterprise retains any of the contractual rights or obligations inherent in the transferred financial asset or obtains any new contractual rights or obligations relating to the transferred financial asset. Continuing involvement in a transferred financial asset may result from the transfer agreement with the transferee or a separate agreement related to the transfer with a third party entered into by the transferor. An enterprise does not have continuing involvement in a transferred financial asset if it has neither an interest in the future performance of the transferred financial asset nor a responsibility under any circumstances to make payments in respect of the transferred financial asset in the future. The following do not constitute continuing involvement:

(a) normal representations and warranties relating to fraudulent transfer or concepts of reasonableness, good faith and fair dealings that could invalidate a transfer as a result of legal action.

(b) forward, option and other contracts to reacquire the transferred financial asset for which the contract price is the fair value of the transferred financial asset.

(c) an arrangement whereby an enterprise retains the contractual rights to receive the cash flows of a financial asset but assumes a contractual obligation to pay the cash flows to one or more recipients, and the arrangement meets all three conditions as set out in Article 4 (a) of "Accounting Standard for Business Enterprises No. 23—Transfer of Financial Assets".

Article 78 For transferred financial assets that are not derecognised in their entirety, an enterprise shall disclose the following information:

(a) the nature of the transferred assets;

(b) the nature of the risks and rewards of ownership retained to which the enterprise is exposed;

(c) the nature of the relationship between the transferred assets and the associated liabilities, including restrictions arising from the transfer on the enterprise's use of the transferred assets;

(d) when the counterparty to the associated liabilities resulted from the transfer of financial assets has recourse only to the transferred assets, a schedule that sets out the fair value of the transferred assets, the fair value of the associated liabilities and the net position shall be disclosed, i. e. the difference between the fair value of the transferred assets and the associated liabilities;

(e) when the enterprise continues to recognise all of the transferred assets, the carrying amounts of the transferred assets and the associated liabilities shall be disclosed;

(f) when the enterprise continues to recognise the financial assets to the extent of its continuing involvement, the total carrying amount of the original financial assets before the transfer, the carrying amount of the assets that the enterprise continues to recognise, and the carrying amount of the associated liabilities shall be disclosed.

Article 79 For transferred financial assets that are derecognised in their entirety but the transferor has continuing involvement in them, the enterprise shall disclose the following information, as a minimum, for each type of continuing involvement:

(a) the carrying amount and the fair value of the assets and liabilities recognised resulting from continuing involvement, and the line items in the balance sheet in which those assets and liabilities are recognised.

(b) the enterprise's maximum exposure to loss from its continuing involvement and the method used to determine the exposure.

(c) the undiscounted cash outflows that would or may be required to repurchase derecognised financial assets (e. g. the strike price in an option agreement) or other amounts payable to the transferee, and a maturity analysis of these cash flows or amounts. If there is a range of possible maturities, the cash flows are included on the basis of the earliest date on which the enterprise can be required or is permitted to pay. The maturity analysis shall distinguish cash flows that are required to be paid (e. g. forward contracts), cash flows that the enterprise may be required to pay (e. g. written put options) and cash flows that the enterprise might choose to pay (e. g. purchased call options). If the cash outflow is variable, the amount disclosed should be based on the conditions that exist at each balance sheet date.

(d) explanatory information for the quantitative disclosures required in (a) – (c) of this Article, including a description of the transferred financial assets, the nature and purpose of the continuing involvement retained and the risks to which the enterprise is exposed. For this purpose, the description of the risks to which the enterprise is exposed includes the following items:

(ⅰ) the method how the enterprise manages the risk in its continuing involvement in the derecognised financial assets.

(ⅱ) whether the enterprise is required to

bear losses before other parties, and the ranking and amounts of losses borne by parties who shall bear losses before the enterprise.

(ⅲ) any triggers associated with obligations to provide financial support to a transferred financial asset or to repurchase the financial asset.

(e) the gain or loss recognised at the date of transfer of the financial assets, and income and expenses recognised, both in the current period and cumulatively, from the enterprise's continuing involvement in the derecognised financial assets (e. g. fair value changes in derivative instruments);

(f) If the total amount of proceeds from derecognition is not evenly distributed throughout the current period (e. g. a substantial proportion of the total amount of transfer activity takes place in the closing days of a reporting period), an enterprise shall disclose when the greatest transfer activity took place within the current period, the amount (e. g. related gains or losses) recognised in that part of the period, and the total amount of proceeds;

When disclosing information required by this Article, an enterprise shall aggregate its continuing involvement into types that are representative of the enterprise's exposure to risks. For example, an enterprise may aggregate the information by type of financial instrument (e. g. guarantees or call options) or by type of transfer (e. g. factoring of receivables, securitisations and securities lending). If an enterprise has more than one type of continuing involvement in a derecognised financial asset, the enterprise may report it under one type of continuing involvement.

Article 80 The assessment of continuing involvement in a transferred financial asset for the purposes of the disclosure requirements in Article 77 should be made at the level of the enterprise's financial statements.

Chapter 9 Transition Provisions

Article 81 This Standard shall be applied retrospectively to the financial instruments existed at the date of initial application, in accordance with "Accounting Standard for Business Enterprises No. 28—Changes in Accounting Policies and Accounting Estimates and Corrections of Errors", if the accounting treatments for such financial instruments are inconsistent with those required by this Standard. However, this Standard shall be applied prospectively if, at the date of initial application, it is impracticable to be applied retrospectively.

When financial statements are provided externally with comparative figures, opening balance of retained earnings for the earliest prior period presented shall be adjusted for the cumulative amount affected by changes in accounting policies, and all other comparative amounts effected in the financial statements should be adjusted accordingly.

Chapter 10 Other Provisions

Article 82 An enterprise shall apply this Standard to presentation and disclosures of financial instruments in financial statements for year of 2014 and periods thereafter.